Treffsicher durch das Waffenrecht
Leitfaden für Sportschützen

2. Auflage

(mit WaffVwV)

Am 22. Juni 1972 wurde im Zuge der Beratungen des am 01. Januar 1973 in Kraft getretenen ersten bundeseinheitlichen Waffengesetzes die ursprüngliche und auch heute noch gültige Zielstellung des Waffenrechts im Deutschen Bundestag wie folgt verkündet:

„Das Waffengesetz richtet sich nicht gegen den gesetzestreuen und zuverlässigen Bürger. Es wird verschärft gegen die Feinde und Störer der Inneren Sicherheit. Dieses Grundsatzes sollten sich alle bewußt sein, die entweder als Verwaltungsbeamte oder Verwaltungsrichter mit diesem Gesetz zu tun haben werden. Das Gesetz dient der Erhöhung der Inneren Sicherheit und darf nicht zu kleinlicher, bürokratischer Handhabung mißbraucht oder auch nur fehlgebraucht werden."

Anmerkung des Verfassers:
Soviel zur grauen Theorie.
Die Praxis sieht oft anders aus.

Treffsicher durch das Waffenrecht
Leitfaden für Sportschützen

2. Auflage

(mit WaffVwV)

von

Oberstaatsanwalt

Dr. jur. Horst W. Nopens

Abteilungsleiter
bei der
Staatsanwaltschaft Magdeburg

Lehrbeauftragter
an der
Fachhochschule der Polizei
des Landes Sachsen-Anhalt

Magdeburg 2012

Bibliographische Information der Deutschen Nationalbibliothek

Die Deutsche Nationalbibliothek verzeichnet diese Publikation in der Deutschen Nationalbibliographie; detaillierte bibliographische Daten sind im Internet über http://dnb.d-nb.de abrufbar.

Impressum:

© 2012 Dr. Horst W. Nopens, Magdeburg.

Herstellung und Verlag: Books on Demand GmbH, Norderstedt.

ISBN 9 783837 021097

Vorwort

Stand die erste Auflage dieses Buches noch unter dem Eindruck der tragischen Vorfälle im Jahre 2009, insbesondere des Amoklaufs von Winnenden, und der anschließenden, mit für deutsche Verhältnisse beeindruckender Geschwindigkeit verabschiedeten erneuten Verschärfung des Waffengesetzes, ist der Anlaß für die Überarbeitung des Werkes von deutlich geringerem medialen Interesse begleitet gewesen. Allerdings ist er nicht minder spektakulär, offenbart er doch, mit welcher Geschwindigkeit selbst dringend notwendige Regulierungsvorhaben auf den Weg gebracht werden, wenn es an der Medienpräsenz des Themas fehlt: Im Frühjahr 2003 – mithin vor mehr als neun Jahren – ist die grundlegende Novellierung des Waffengesetzes erfolgt, und erst in diesem Jahr wurden die letzten, bereits damals angekündigten und für die praktische Arbeit mit dem Waffengesetz unerläßlichen Vorschriften endlich geschaffen. Zur Erinnerung: Das inzwischen gar nicht mehr so neue Waffengesetz wurde in derselben Zeitspanne bereits zweimal – 2008 und 2009 – überarbeitet bzw. verschärft. Nunmehr gibt es sie also – die neue Waffenverwaltungsvorschrift, eine aktuelle Schießstandrichtlinie, die neuen Vordrucke für waffenrechtliche Erlaubnisse und die Rechtsgrundlagen zur Schaffung des nationalen Waffenregisters, das gemäß des auch schon vor über drei Jahren eingefügten § 43 a WaffG eigentlich bis zum 31.12.2012 geschaffen werden sollte. Allerdings dürfte auch dieser Schlußpunkt nur ein vorläufiger sein, zeichnet sich doch mit dem nationalen Waffenregister die nächste öffentliche Diskussion um den legalen Waffenbesitz bereits ab. Dieses Register soll nicht nur Polizei und Waffenbehörden die Arbeit erleichtern, sondern wird auch erstmals genaue Zahlen über Waffenbesitzer und deren Waffen in Deutschland liefern. Diese Zahlen werden in der öffentlichen Diskussion kaum zugunsten des privaten Waffenbesitzes Verwendung finden, vor allem dann nicht, wenn sich Vorfälle wie im Jahre 2009 wiederholen. Angesichts dessen ist nach wie vor jeder Waffenbesitzer – ob Sportschütze oder Jäger – gegenüber der Öffentlichkeit und vor allem gegenüber dem privaten Waffenbesitz insgesamt in der Pflicht, das Waffenrecht in der jeweils aktuellen Fassung zu kennen und zu beachten.

Die vorliegende zweite Auflage wurde vollständig durchgesehen und überarbeitet. Viele Hinweise aus der Praxis zur Erstauflage habe ich dankbar entgegengenommen und eingearbeitet. Die jüngsten Neuerungen auf dem Gebiet des Waffenrechts durch die Waffenverwaltungsvorschrift, die Verwaltungsvorschrift zu Vordrucken des Waffengesetzes und die Rechtsgrundlagen für das nationale Waffenregister sind berücksichtigt.

Magdeburg, im Dezember 2012

Dr. Horst W. Nopens

Aus dem Vorwort zur ersten Auflage

Die Vorfälle Anfang dieses Jahres, insbesondere der Amoklauf von Winnenden, haben in der Öffentlichkeit erneut eine überwiegend emotionale, oft unsachlich und polemisch geführte Diskussion um den privaten Waffenbesitz in Deutschland entfacht, die erst mit einer erneuten Verschärfung des Waffengesetzes im Juli 2009 zumindest ein vorläufiges Ende gefunden hat. Spätestens hierdurch sollte jedem Waffenbesitzer klar geworden sein, daß das Fehlverhalten Einzelner nicht nur Konsequenzen für diese hat, sondern zugleich den legalen Waffenbesitz in Deutschland insgesamt in das öffentliche Interesse rückt und unmittelbar in seinem Bestand gefährdet. Der alte Wahlspruch der drei Musketiere „Einer für alle, alle für einen!" gewinnt hier eine ebenso neue wie unerfreuliche Dimension. Dieses Mal haben sich die Verschärfungen ungeachtet ihrer Sinnhaltigkeit noch auf Änderungen beschränkt, gegen die kaum ein seriöser Waffenbesitzer etwas einwenden kann. (…)

Die legalen Waffenbesitzer, insbesondere die Sportschützen als die zahlenmäßig größte Gruppe, sind sich dieser besonderen Verantwortung bewußt und wollen sich rechtstreu verhalten. Sie sehen sich aber einem Waffenrecht gegenüber, das selbst von Juristen kaum mehr zu durchschauen ist. Allgemein verständliche Literatur gibt es kaum, und juristische Fachbücher „erschlagen" den Leser mit dem in ihnen enthaltenen Fachwissen. Dies gilt erst recht vor dem Hintergrund der Änderungen des Waffengesetzes seit 2003, das seither nicht übersichtlicher, sondern für den Bürger unüberschaubarer wurde, dafür aber für den befugten Waffenbesitzer etliche Stolperfallen bereithält.

Diese aufzuzeigen und das Waffenrecht umfassend, auch im Sinne der Waffensachkunde, aber stets praxisgerecht darzustellen, ist das Anliegen dieses Buches. Nach der Devise „so ausführlich wie nötig, so kurz wie möglich" soll es ein Ratgeber für den verantwortungsvollen Sportschützen sein. Anfänger und „alte Hasen" werden in diesem Buch Antworten finden, können ihr Wissen auffrischen und so unnötige Konflikte mit dem Waffenrecht vermeiden. Viele Fragen, die bei Vorträgen von Jägern und Sportschützen immer wieder gestellt werden und von waffenrechtlicher Verunsicherung auch der erfahrenen Waffenbesitzer zeugen, sind in dieses Buch eingegangen. Zahlreiche Beispiele und Tips zur praktischen Umsetzung der gesetzlichen Bestimmungen sowie Muster für Leihschein und Kaufvertrag über Waffen runden die Darstellung ab.

Herrn Rechtsanwalt Kai-Uwe Klockmann, Duisburg, danke ich für seine Anregungen und die kritische Durchsicht des Manuskripts.

7

Inhaltsverzeichnis

8

I. Vorbemerkungen

Das Anliegen dieses Buches ist es, einen **allgemeinen Überblick über das für alle Sportschützen geltende Waffenrecht** zu geben. Eine einzelfallbezogene Rechtsberatung bei konkreten Problemen mit der Waffenbehörde oder der Polizei kann es nicht ersetzen. Angesichts der Vielzahl bestehender Schießdisziplinen kann es im Interesse der Verständlichkeit und der Übersichtlichkeit auch nicht alle Detailfragen umfassend beantworten, die sich erst aus den Besonderheiten einzelner Sportordnungen ergeben. Insoweit muß ggf. auf die Rechtsberatung durch Rechtsanwälte bzw. auf Auskünfte der Waffenbehörden und Schießsportverbände zurückgegriffen werden.

Die nachfolgenden Ausführungen gelten für Sportschützen und sind nicht ohne weiteres auf sonstige Waffenbesitzer, insbesondere Jäger,[1] übertragbar. Dort gelten zum Teil erheblich abweichende Sonderregelungen, weil das WaffG zwischen verschiedenen Nutzergruppen unterscheidet, für die unterschiedliche Vorschriften gelten.

Die Darstellung basiert auf einer **restriktiven Auslegung des WaffG**, um einen möglichst sicheren Weg durch das Waffenrecht aufzuzeigen, denn auch die umfangreichen Aktivitäten von Gesetzgeber und Verwaltung in diesem Jahr haben die im Jahre 2003 begonnene Waffenrechtsreform nur vordergründig zum Abschluß gebracht und nicht überall die gewünschte Rechtssicherheit geschaffen:

Gab es bislang neben dem Gesetz lediglich die **Allgemeine Waffengesetz-Verordnung (AWaffV)** und vorläufige Anwendungshinweise des Bundesinnenministeriums, haben es der Bund und die für die konkrete Umsetzung des Waffengesetzes zuständigen Bundesländer zwar nunmehr – immerhin neun Jahre nach der grundlegenden Reform des Waffengesetzes – geschafft, sich auf die für die Praxis dringend erforderliche bundeseinheitliche **Allgemeine Verwaltungsvorschrift zum Waffengesetz (WaffVwV)** zu verständigen. Diese trat am 23.03.2012 in Kraft. Ebenfalls ist es denselben Verantwortlichen in diesem Jahr gelungen, die seit 2003 benötigten neuen Vordrucke für waffenrechtliche Erlaubnisse (insbesondere für den „kleinen" Waffenschein, der bislang von den Behörden aus dem Vordruck für den „großen" Waffenschein „gebastelt" werden mußte, und die „Vereins"-Waffenbesitzkarte) zu schaffen: Die **Allgemeine Verwaltungsvorschrift zu Vordrucken des Waffenrechts (WaffVordruckVwV)** ist am 01.12.2012 in Kraft getreten. Auch das Gesetz nebst Durchführungsverordnung zur Errichtung des nationalen Waffenregisters wurde in diesem Jahr verabschiedet, und die ebenfalls überfälligen amtlichen **Richtlinien für die Er-**

---

[1] Für Jäger gibt es das Buch „Reviergang durch das Waffenrecht" desselben Verfassers, ebenfalls erschienen bei BoD in Norderstedt, ISBN 9 783837 037319.

richtung, die Abnahme und das Betreiben von Schießständen (Schießstandrichtlinien) gelten seit dem 23.10.2012. Eine bundeseinheitliche, aktualisierte **Kostenverordnung** zum WaffG gibt es hingegen bis heute – seit 2003 – nicht.

Rechtssicherheit wurde durch diese unfangreichen Aktivitäten, insbesondere durch die WaffVwV, jedoch nur teilweise geschaffen, weil dieses Regelwerk zwar vieles klärt, wie bspw. die rechtliche Einordnung von Messern, aber andererseits etliche für den privaten Waffenbesitzer wesentliche Fragen (bspw. Waffenschrankkontrollen, Gebührenpflichtigkeit derselben) offenläßt und zudem durch Regelungen, die dem Gesetzeswortlaut bzw. der bisherigen Rechtsprechung widersprechen, neue Unklarheiten schafft (bspw. Erforderlichkeit des verschlossenen Behältnisses beim Waffentransport). Dies ist problematisch, denn die **WaffVwV ist kein Gesetz**, sondern eine interne Handlungsanweisung an die Waffenbehörden. Der Bürger kann sich auf eine solche Verwaltungsrichtlinie nicht unmittelbar berufen, und sie bindet auch die Gerichte nicht: Für diese sind nur das WaffG und die AWaffV maßgebend – sonst nichts. Im Zweifel ist daher gut beraten, wer sich an das WaffG und nicht an die Verwaltungsvorschriften hält.

Aufgrund der vorgenannten Unzulänglichkeiten der WaffVwV wird die Auslegung und Anwendung des Waffengesetzes durch die Waffenbehörden nicht nur von Bundesland zu Bundesland, sondern auch von Waffenbehörde zu Waffenbehörde weiterhin mitunter uneinheitlich bleiben. Schon deshalb ist im Zweifelsfall gut beraten, wer sich dort, wo die WaffVwV mögliche Widersprüche zu WaffG und AWaffV enthält, an Gesetz und Verordnung hält. Nur so lassen sich rechtliche Grauzonen und waffenrechtliches Fehlverhalten sicher vermeiden.

Diesem vorsichtigen Ansatz folgt dieses Buch, um den Leser so sicher wie möglich durch den Dschungel waffenrechtlicher Vorschriften zu führen, denn **Verstöße gegen das WaffG sind fast immer Straftaten,** die mit erheblichen Geld- oder Freiheitsstrafen geahndet werden und **regelmäßig zum Entzug der Waffenbesitzkarte[2] führen**; insbesondere dann, wenn sie mit erlaubnispflichtigen Waffen begangen werden. Daneben erfolgt im Strafverfahren in der Regel die entschädigungslose Einziehung der Tatwaffe. Diese Folge droht auch bei **Ordnungswidrigkeiten gegen das WaffG**, die zudem mit Geldbußen von bis zu 10.000,-- € geahndet werden können.[3] Vor einer allzu großzügigen Auslegung des Waffengesetzes sei daher auch vor diesem Hintergrund gewarnt.

Ergänzend sei angemerkt, daß auch **sonstige Straftaten**, insbesondere **Trunkenheitsfahrten,** sowie **wiederholte Ordnungswidrigkeiten gegen das Waffengesetz** die waffenrechtliche Unzuverlässigkeit und damit den Entzug der WBK nach sich ziehen können.

---

[2] Im Folgenden: WBK.
[3] § 53 Abs. 2 WaffG.

Alle Waffenbesitzer und insbesondere Sportschützen müssen zudem ständig damit rechnen, auch von der Polizei auf die Einhaltung waffenrechtlicher Vorgaben hin kontrolliert zu werden, und zwar nicht nur bei allgemeinen Verkehrs- und Alkoholkontrollen oder erst nach Zwischenfällen und Unfällen mit Waffen. Auch gezielte Kontrollen, z.B. der an- und abfahrenden Schützen vor Schießständen, werden zu diesem Zweck durchgeführt.

Es ist deshalb dringend davon abzuraten, blind auf die WaffVwV zu vertrauen oder mit dem Waffenrecht unvorsichtig, leichtsinnig oder gar ignorant nach dem Motto zu verfahren:

„Das machen wir schon immer so, und es ist noch nie etwas passiert."

II.   Grundlagen des Waffenrechts für Sportschützen

Die wichtigsten Rechtsquellen und damit die Grundlagen des Waffenrechts[4] in Deutschland sind das **Waffengesetz (WaffG)**, das **Beschußgesetz (BeschG)**, das **Kriegswaffenkontrollgesetz (KWKG)** und das **Sprengstoffgesetz (SprengG)**. Im Einzelnen regeln diese Gesetze folgendes:

Das **WaffG** regelt den **Umgang mit Waffen** (nicht nur Schußwaffen) **und Munition**; namentlich den Erwerb und Besitz, das Erlaubniswesen, Verbote und Sicherheitsvorschriften, Herstellung und Handel, behördliche Verfahren sowie Straftaten und Ordnungswidrigkeiten. Es ist mithin eine Gemengelage aus Verwaltungs-, Gefahrenabwehr-, Gewerbe-, Verwaltungsverfahrens-, Straf- und Ordnungswidrigkeitenrecht. Es wird ergänzt durch die Bestimmungen der Allgemeinen Verordnung zum Waffengesetz (**AWaffV**) und der Waffenverwaltungsvorschrift (**WaffVwV**). Diese Vorschriften gelten jedoch nur für Gegenstände, die in der Anlage 1 zum WaffG genannt und damit Waffen bzw. Munition im Sinne des Gesetzes sind. Für andere Gegenstände, die dort nicht genannt sind, gelten sie auch dann nicht, wenn diese als Waffe verwandt werden können.

Beispiel: Baseballschläger finden oft als Hiebwaffen Verwendung. Dennoch sind sie Sportgeräte und keine Waffen im Sinne des Gesetzes.

Das **BeschG** regelt – so dessen § 1 Abs. 1 - „die **Prüfung und Zulassung** von
1.   Feuerwaffen, Böllern, Geräten, bei denen zum Antrieb Munition und hülsenlose Treibladungen verwendet werden, einschließlich deren höchstbeanspruchten Teilen,
2.   Munition und
3.   sonstigen Waffen
zum **Schutz der Benutzer und Dritter** bei bestimmungsgemäßer Verwendung". Ergänzend ist hier die Beschußverordnung (**BeschV**) zu beachten.

Das **KWKG** regelt den Umgang mit Kriegswaffen einschließlich biologischer, chemischer und atomarer Waffen. Allerdings ist nur das, was in der Anlage zum KWKG, der sogenannten Kriegswaffenliste, genannt ist, auch Kriegswaffe im Sinne des Gesetzes. Hierzu gehören nicht nur Waffen im üblichen Sinne, sondern auch bestimmte Chemikalien oder Panzer und U-Boote. Erfaßt ist auch

---

[4] Hinweise auf die einschlägigen Vorschriften wurden der Lesbarkeit halber ans Seitenende „verbannt", auf sie soll aber der Nachprüfbarkeit wegen nicht verzichtet werden. Die genannten Bestimmungen sind solche des Waffengesetzes (Stand 17.07.2009), des BJagdG (Stand 06.12.2011) bzw. des **sachsen-anhaltischen** LJagdG (Stand 18.01.2011). Die **Abkürzungen „Abs."** bzw. „**S."** sind die gebräuchlichen Kürzel für „Absatz" bzw. „Satz" einer Vorschrift.

Munition für Kriegswaffen. Ausgenommen ist jedoch Patronenmunition, die in gleichem Kaliber auch für Jagd- und Sportzwecke verwandt wird, wenn es sich nicht um Hartkern-, Brand-, Spreng- oder Leuchtspurgeschosse handelt. Ergänzend gelten die erste und zweite Durchführungsverordnung (**DVO-KWKG**), die Kriegswaffenmeldeverordnung (**KWMV**), die Verordnung über den Umgang mit unbrauchbar gemachten Kriegswaffen sowie das Chemiewaffenübereinkommen (**CWÜ**).

Achtung: Insbesondere die auch bei Sportschützen verbreiteten Kaliber .308 Winchester und .223 Remington werden bei der Bundeswehr und anderen Nato-Streikräften ebenfalls geführt. Entsprechende Munition ist als „Souvenir" bei ehemaligen Bundeswehrangehörigen, namentlich ehemals Wehrpflichtigen, beliebt und entsprechend weit verbreitet. Wenn es sich hierbei um Hartkern- oder Leuchtspurmunition handelt, wie sie gerade in Maschinengewehrgurten häufig anzutreffen ist, ist der Besitz auch WBK-Inhabern verboten. **Zuwiderhandlungen** sind als Verbrechen gegen das KWKG mit einer Mindestfreiheitsstrafe von einem Jahr bedroht.

Das **SprengG** regelt den Umgang und Verkehr mit sowie die Einfuhr von explosionsgefährlichen Stoffen einschließlich der Grundstoffe, Zündmittel, sonstigen Gegenstände mit explosionsgefährlichem Inhalt sowie pyrotechnischen Gegenstände, den hierfür bestimmten Grundstoffen sowie der Anzündmittel. **Patronenmunition** hingegen unterfällt dem Waffengesetz, nicht dem Sprengstoffgesetz. Daneben sind die 1. und 2. Sprengstoffverordnung (**SprengV**), die Durchführungsverordnung (**DVOSprengG**) sowie das Gesetz über die Beförderung gefährlicher Güter zu beachten.

Achtung: Obwohl Munition Treibladungspulver und damit Explosivstoffe im Sinne des Sprengstoffgesetzes enthält, unterfällt sie nicht diesem, sondern dem Waffengesetz. Dies gilt allerdings nur solange, wie es sich um Munition in Patronenform handelt. Wird Munition delaboriert und das Pulver entnommen, liegt erlaubnispflichtiger Umgang mit Explosivstoffen im Sinne des Sprengstoffgesetzes vor, der von der WBK nicht umfaßt ist. Es bedarf hierzu mindestens einer Erlaubnis nach § 27 SprengG. **Zuwiderhandlungen** sind strafbar.

Beispiel: Es ist unzulässig, Platzpatronen Kaliber 12 für Schrotflinten zu delaborieren, um das darin befindliche Schwarzpulver zum Vorderladerschießen oder für die Herstellung von Silvesterböllern zu verwenden.

Daneben enthalten auch das **Bundesjagdgesetz (BJagdG)** und die **Landesjagdgesetze (LJagdG)** waffenrechtlich relevante Vorschriften, insbesondere Bestimmungen über die für die Jagdausübung zulässigen bzw. unzulässigen Waffen- und Munitionsarten, deren Kenntnis für eine etwaige **Überlassung von Waffen an Jäger** bedeutsam ist, weil diese grundsätzlich nur Jagdwaffen erwerben dürfen.

Beispiele: Verbot von Selbstladegewehren mit mehr als zwei Schuß Magazinkapazität, Verbot des Schrotschusses auf Schalenwild, Verbot von Nachtsichtgeräten u.ä. für Schußwaffen, Vorgaben für Kurzwaffen für den Fangschuß (E0 mind. 200 J) und für Büchsenpatronen (Rehwild & Seehunde: mind. E100 von 1.000 J, übriges Schalenwild: mind. Kaliber 6,5 mm und E100 von 2.000 J),[5] Verbot der Verwendung von Schalldämpfern oder Vorderladerwaffen bei der Jagdausübung.[6]

Das WaffG hat mit der Neufassung im Jahre 2003 aus dem Sprengstoffrecht den Oberbegriff des „Umgangs" für die verschiedenen Tatbestände, z.B. Erwerben, Besitzen, Führen, Schießen etc., übernommen.[7] Der gesamte Umgang mit Schußwaffen und Munition ist es, der erlaubnispflichtig ist. Voraussetzung für die Erteilung einer waffenrechtlichen Erlaubnis ist das Vorliegen von Sachkunde, Zuverlässigkeit, Haftpflichtversicherung und Bedürfnis.[8]

Diese Voraussetzungen müssen während der gesamten Zeit des Waffenbesitzes vorliegen. Der Sportschütze muß also, solange er eine WBK hat, sachkundig, zuverlässig und versichert sein und ein Bedürfnis zum Waffenbesitz haben. Entfallen eine oder mehrere dieser Voraussetzungen, etwa weil der Sportschütze eine Straftat begangen hat, die Versicherung nicht mehr besteht oder der Schießsport aufgegeben wird, muß er mit dem Entzug der WBK rechnen.

Die **Sachkunde** weist der Sportschütze durch die bestandene Sachkundeprüfung und die vorgeschriebene **Haftpflichtversicherung** durch einen entsprechenden Versicherungsnachweis nach. Die **Zuverlässigkeit** wird vor erstmaliger Erteilung waffenrechtlicher Erlaubnisse durch Einholung eines unbeschränkten polizeilichen Führungszeugnisses, das der Sportschütze beantragen und bezahlen muß, überprüft. Danach holt die Behörde diese Auskunft in regelmäßigen Abständen von Amts wegen ein.

Praxistip: Die Bedeutung der Haftpflichtversicherung wird häufig verkannt. Fehlt es am Versicherungsschutz, etwa weil die Prämie nicht bezahlt worden ist, droht nicht nur der Entzug der waffenrechtlichen Erlaubnis, wenn die Behörde hiervon Kenntnis erlangt. Der Waffenbesitzer setzt sich zudem einem beträchtlichen finanziellen Risiko aus, wenn es zu Schadensfällen kommt. Denn er haftet auf Schadensersatz bei Unfällen mit seiner Schußwaffe, selbst wenn er diese nur leicht fahrlässig verursacht hat. Insbesondere dann, wenn es zu Personenschäden kommt, erreichen derlei Schadensersatzansprüche aufgrund von Behandlungs-

---

[5] § 19 Abs. 1 Nr. 1 & Nr. 2 BJagdG. Die kleinste zugelassene Rehwildpatrone ist die Patrone .222 Remington.
[6] § 23 Abs. 2 LJagdG. Ähnliche Vorschriften existieren auch in anderen Bundesländern.
[7] § 1 Abs. 3 WaffG.
[8] § 4 Abs. 1 WaffG.

und Pflegekosten sehr schnell existenzvernichtende Dimensionen. Die Haftpflichtversicherung ist deshalb keine bloße Schikane des Gesetzgebers, sondern dient nicht zuletzt auch dem Schutz des Waffenbesitzers.

Das **Bedürfnis** indessen ist der zentrale Begriff des Waffenrechts, weil die jeweilige Zulässigkeit der einzelnen Umgangsarten an dessen Vorliegen gekoppelt ist und durch dieses begrenzt wird. Das Bedürfnis und die wesentlichen waffenrechtlichen Befugnisse des Sportschützen sind insbesondere in § 12 WaffG, besonders aber in § 14 WaffG, dem sog. „Sportschützenparagraphen", sowie in den §§ 15 bis 15 b WaffG geregelt.

Bedürfnis des Sportschützen für den Umgang mit Waffen und Munition ist das **sportliche Schießen**. Dieses Bedürfnis wird in der Regel mittels Aufzeichnungen (Schießkladde, Schützenbuch o.ä.) und Vereins- bzw. Verbandsbescheinigungen nachgewiesen, aus denen sich die regelmäßige Ausübung des Schießsports ergibt. Wird dieser nicht oder nicht mehr ausgeübt, fehlt bzw. entfällt auch das waffenrechtliche Bedürfnis, was ggf. zum Entzug der WBK führen kann.

Sportliches Schießen liegt dann – und nur dann – vor, wenn auf zugelassenen Schießständen nach festen Regeln einer genehmigten Sportordnung mit Waffen, die nicht verboten oder vom Schießsport ausgeschlossen sind, auf zugelassene Ziele geschossen und das **Verbot kampfmäßigen Schießens**, z.B. auf Scheiben, die Menschen darstellen, **und unzulässiger Schießübungen**, wie z.B. Schießen aus der Deckung oder im Laufen, Überkreuzziehen von mehr als einer Waffe oder Deutschüsse mit der Kurzwaffe, beachtet wird.[9]

Einzelheiten zum Bedürfnisnachweis werden nachfolgend in Abschnitt V erläutert.

---

[9] § 15 a Abs. 1, § 27 Abs. 7 WaffG; § 6 Abs. 1, § 7 Abs. 1 AWaffV.

III.   Waffenrechtliche Begriffe und Definitionen[10]

Das **Waffengesetz verwendet Fachbegriffe**, deren vom alltäglichen Sprachgebrauch mitunter abweichende Bedeutungen bekannt sein müssen, um das Waffenrecht zu verstehen. Die wichtigsten sind diese:

Begriff:	Bedeutung:
Umgang	Oberbegriff für alles, was mit einer Waffe gemacht werden kann (=erwerben, besitzen, überlassen, führen, verbringen, mitnehmen, schießen, herstellen, bearbeiten, instand setzen, Handel treiben von bzw. mit Waffen und Munition).
Bedürfnis	Konkreter Verwendungszweck der Waffe, für den die waffenrechtliche Erlaubnis erteilt worden ist.
Erwerb	Jede Erlangung der tatsächlichen Gewalt ungeachtet des Rechtsgrunds des Erwerbs (z.B. Kauf und Leihe, aber auch Erbschaft, Schenkung, Fund etc.).
Besitz	Ausübung der tatsächlichen Gewalt.
Überlassen	Einräumung der tatsächlichen Gewalt gegenüber einem anderen.
Führen	Ausübung der tatsächlichen Gewalt außerhalb der eigenen Wohnung oder Geschäftsräume, des befriedeten Besitztums (Ausnahmen beachten) oder einer Schießstätte.
Nichtschußbereites Führen	Führen (s.o.) der vollständig entladenen Waffe.

---

[10] Einzelheiten zu diesen Definitionen finden sich in § 1 Abs. 3 und Anlage 1 Abschnitt 2 WaffG sowie in Anlage 1 Abschnitt 2 WaffVwV.

Vorübergehend	Längstens ein Monat.
Beförderung	Transport der nichtschußbereiten (= vollständig entladenen) und nichtzugriffsbereiten (=in einem **verschlossenen** (=abgeschlossenen!) **Behältnis** befindlichen) Waffe von einem Ort zum anderen, wenn an beiden Orten der Besitz berechtigt (= im Rahmen des Bedürfnisses) ausgeübt werden darf.
Verschlossenes Behältnis	Behälter, der die Waffe umschließt und mit einem Schloß versehen ist, so daß nicht unmittelbar auf die Waffe zugegriffen werden kann, ohne das Schloß zu überwinden.
Verbotene Waffen u. Gegenstände	Waffen u. Gegenstände, mit denen jeder Umgang (s.o., insbesondere Erwerb, Besitz und Führen) verboten ist.
Wesentliche Bestandteile	Lauf, Gaslauf, Verschluß, Patronenlager, bei Kurzwaffen auch das Griffstück und sonstige Teile, die für die Aufnahme des Auslösemechanismus bestimmt sind. **Nicht**: Magazin!

Der Begriff des „**verschlossenen Behältnisses**" wird weder durch das Gesetz selber noch in der Waffenverwaltungsvorschrift näher definiert. Daß verschlossen im Sinne von abgeschlossen zu verstehen ist, ergibt sich jedoch zweifelsfrei aus der Begründung zum Gesetzentwurf. Da Art und Beschaffenheit des Behältnisses und seines Verschlusses nicht vorgegeben sind, genügt ein mit einem Schloß versehenes Waffenfutteral oder ein abschließbarer Waffenkoffer den Anforderungen. Auch ein zugeklebter Transportkarton, der erst aufgeschnitten oder gewaltsam geöffnet werden muß, dürfte ausreichen. Der **Kofferraum** eines PKW erfüllt diese Voraussetzungen jedoch nur, wenn er tatsächlich verschlossen (Zentralverriegelung) und nicht anderweit zugänglich ist (keine umklappbare Rückbank, keine Durchladeeinrichtung, kein Kombi). Das **Handschuhfach** des PKW erfüllt diese Voraussetzungen nur, wenn es abschließbar und während des Transports auch tatsächlich abgeschlossen ist. Ein **Abzugsschloß** ersetzt kein verschlossenes Behältnis, weil die Waffe weiterhin zugriffsbereit bleibt.

Mit diesen waffenrechtlichen Bedeutungen werden die oben genannten Fachbegriffe im Folgenden verwandt.

IV.   Waffenrechtliche Erlaubnisse

Die einzelnen, in Deutschland vorgesehenen waffenrechtlichen Erlaubnisse ergeben sich aus folgender Übersicht. Der Sportschütze muß als befugter Waffenbesitzer diese Erlaubnisse und den Umfang ihrer Berechtigungen kennen, um z.B. über das Verleihen oder Entleihen einer Waffe entscheiden zu können.

Seit dem 01.12.2012 stehen die durch die WaffVordruckVwV aktualisierten Vordrucke zur Verfügung, die jedoch in Aufbau und Farbgebung den bisherigen Erlaubnissen entsprechen. Die bislang erteilten Erlaubnisse bleiben gültig; eines Umtauschs bedarf es daher nicht.

Art:	Inhalt der Berechtigung:	Anmerkungen:
gelbe WBK **(Sportschützen-WBK)** und **rote** WBK **(Sammler-WBK)**	**Erwerb** der Waffen, für die sie erteilt wurde,[11] sowie der hierfür bestimmten Munition; **Besitz** der darin eingetragenen Waffen und der entsprechenden Munition; **vorübergehender Erwerb** von Waffen und hierfür bestimmter Munition.	**Anmeldung nicht nur vorübergehend erworbener Waffen binnen 2 Wochen.**
grüne WBK	**Besitz** der darin eingetragenen Waffen; **Erwerb und Besitz** der hierfür bestimmten Munition nur bei entsprechendem Eintrag;[12] nicht nur vorübergehender **Waffenerwerb** nur bei Voreintrag, **vorübergehender Erwerb** von Waffen und hierfür bestimmter Munition.	**Anmeldung auf Voreintrag erworbener Waffen binnen zwei Wochen.**

---

[11] Die Sportschützen-WBK berechtigt kraft Gesetzes zum Erwerb von Einzellader-Langwaffen mit glatten und gezogenen Läufen (also Flinten und Büchsen), von Repetierbüchsen, von Einzellader-Kurzwaffen für Patronenmunition und von mehrschüssigen Kurz- und Langwaffen mit Zündhütchen- (=Perkussions-)zündung (also Vorderladerwaffen); vgl. § 14 Abs. 4 S. 1 WaffG. Die Sammler-WBK wird in der Regel für ein bestimmtes Sammelgebiet, also bestimmte Waffenarten, erteilt.

[12] Dieser Eintrag fehlt bei Jägern für deren Langwaffen, weil bereits der Jagdschein zum Erwerb von Langwaffenmunition berechtigt. Jäger benötigen auch keinen Voreintrag für den Erwerb von Langwaffen; Erwerbserlaubnis ist der Jagdschein (siehe dort). Die Befugnisse aus Jagdschein und WBK sind strikt zu trennen.

Vereins-WBK	**Besitz** der darin eingetragenen Waffen; **Erwerb und Besitz** der hierfür bestimmten Munition nur bei entsprechendem Eintrag;[13] nicht nur vorübergehender **Waffenerwerb** nur bei Voreintrag, **vorübergehender Erwerb** von Waffen und hierfür bestimmter Munition.	**Nur durch die darin eingetragenen verantwortlichen Personen. Anmeldung auf Voreintrag erworbener Waffen binnen zwei Wochen.**
Munitionserwerbsschein	**Erwerb und Besitz** der Munition, für die er erteilt wurde.	**Meist f. Munitionssammler.**
Waffenschein	**Führen** der darin bezeichneten Waffen.	**Nicht bei öffentlichen Veranstaltungen und Versammlungen.**
kleiner Waffenschein	**Führen** von Gas-, Schreckschuß- und Reizstoffwaffen.	
Jahresjagdschein	Zahlenmäßig unbegrenzter **Erwerb und Besitz** (dauerhaft oder vorübergehend) von Langwaffen und Langwaffenmunition, soweit nicht nach BJagdG verboten; **Führen** von Jagd- (auch Kurz-)waffen bei der befugten Jagdausübung; **nichtschußbereites Führen** im Zusammenhang mit dieser.	**Anmeldung nicht nur zum vorübergehenden Besitz erworbener Langwaffen binnen zwei Wochen.**
Tagesjagdschein	**Vorübergehender Erwerb und Besitz** von Langwaffen für die Dauer der Gültigkeit und **dauerhafter Erwerb und Besitz von** Langwaffenmunition, soweit nicht nach BJagdG verboten; **Führen** von Langwaffen bei der befugten Jagdaus-	**Gilt maximal 14 Tage. Begründet das Bedürfnis für die Erteilung einer Erwerbs-**

---

[13] Diese WBK wurde durch die WaffVordruckVwV neu eingeführt und trägt der Regelung des § 10 Abs. 2 WaffG Rechnung, wonach auch jagdlichen und schießsportlichen Vereinigungen eine Waffenbesitzkarte erteilt werden kann, sofern es sich bei diesen um juristische Personen, also eingetragene Vereine, handelt (siehe auch Nr. 10.7 WaffVwV).

	übung; **nichtschußbereites Führen** im Zusammenhang mit dieser.	**erlaubnis bzw. WBK nur für Langwaffen. Berechtigt nicht zum Führen von Kurzwaffen.**
Jugendjagd-schein	**Erwerb, Besitz und Führen** von Langwaffen und Langwaffenmunition, soweit nicht nach BJagdG verboten, nur **vorübergehend** für die befugte Jagdausübung, das Schießtraining oder das jagdsportliche Schießen.	**Erteilung ab 16 Jahren. Umgang mit Kurzwaffen nur auf dem Schießstand.**
„Sprengstoff"-oder „Wiederlader"-Schein	**Umgang** mit den in ihm genannten explosionsgefährlichen Stoffen in dem genehmigten Umfang und für die Zwecke, für die er erteilt wurde.	**Meist Erlaubnis nach § 27 SprengG für Wiederlader und Vorderladerschützen.**

Während die **gelbe WBK** tatsächlich meist bei Sportschützen für den Erwerb und Besitz z.B. von Langwaffen anzutreffen ist, wird die **rote WBK** entgegen dem Volksmund nicht nur Sammlern, sondern auch Waffensachverständigen erteilt.

Die **grüne WBK** ist indessen nicht nur bei Jägern, sondern auch bei Sportschützen für deren Kurzwaffen oder Selbstladegewehre anzutreffen, weil die grüne WBK im Gegensatz zur gelben oder roten WBK nicht ohne weiteres zum Waffenerwerb, sondern nur zum Besitz berechtigt und für Waffen erteilt wird, die aufgrund besonderer Erwerbserlaubnis – Voreintrag oder Jagdschein – erworben worden sind. Allein aus dem Vorhandensein einer grünen WBK kann daher nicht gefolgert werden, daß der Inhaber auch Jäger ist.

Praxistip: Erst ein Blick in die grüne WBK schafft Klarheit, weil in derjenigen eines Jägers bei eingetragenen Langwaffen in der Regel der Eintrag der Erwerbserlaubnis und der Erlaubnis zum Munitionserwerb fehlt. Der Jäger benötigt diesen nicht, weil er Langwaffen und Langwaffenmunition bereits aufgrund seines Jahresjagdscheins erwerben darf.

Der **Jugendjagdschein** bleibt ein Jugendjagdschein mit allen jagd- und waffenrechtlichen Beschränkungen, auch wenn der Inhaber während des Jagdjahres, für das er gilt, volljährig wird. Will der Jugendjäger diesen Beschränkungen entgehen, muß er einen Jahresjagdschein lösen.

Achtung: Die genannten Erlaubnisse haben jeweils einen eigenen Regelungsinhalt, werden unabhängig voneinander erteilt und stehen gleichberechtigt nebeneinander; sie ersetzen oder umfassen einander nicht (der Jagdschein ersetzt keinen Waffenschein), sind aber mitunter inhaltlich miteinander verknüpft (der berechtigte Besitz von Waffen begründet z.b. das Bedürfnis für die Erteilung eines „Sprengstoffscheins", um das zum Wiederladen der hierfür benötigten Munition erforderliche Treibladungspulver erwerben zu können; der Jahresjagdschein begründet das Bedürfnis für die Erteilung einer grünen WBK oder für die Erlaubnis zum Erwerb von bis zu zwei Kurzwaffen).

V.   Vereinsmitgliedschaft und Bedürfnisnachweis

Die Neuregelung des Waffenrechts im Jahre 2003 hat in der Praxis dazu geführt, daß Waffenbesitzkarten nur noch dann erteilt werden, wenn der Sportschütze Mitglied eines schießsportlichen Vereins ist, der seinerseits einem anerkannten Schießsportverband angehören muß. Für die Erteilung einer gelben WBK, die zum Erwerb bestimmter Waffen ohne vorherige Erwerbserlaubnis der Behörde im Einzelfall berechtigt, ist dies ausdrücklich so vorgeschrieben.[14]

Praxistip: Die Erteilung einer WBK setzt neben dem Bedürfnis die Sachkundeprüfung voraus. Diese kann umfassend oder beschränkt auf einzelne Waffen- und Munitionsarten abgelegt werden.[15] Von letzterer Variante ist abzuraten. Wer bspw. die Sachkundeprüfung nur für den Umgang mit Kurzwaffen abgelegt hat, wird keine gelbe WBK bekommen, weil diese auch zum Erwerb von Langwaffen berechtigt.

Ausnahmen können im Einzelfall für einzelne Waffen bei Sportschützen in Betracht kommen, wenn diese Mitglieder schießsportlicher Vereine sind, die entweder keinem oder einem nichtanerkannten Schießsportverband angehören. Jedoch werden bei diesen Personen erheblich gesteigerte Anforderungen an den Bedürfnisnachweis gestellt.[16] Einem „vereinsfreien" Sportschützen im Einzelfall den Erwerb und Besitz einer bestimmten Waffe für eine bestimmte Disziplin zu erlauben, ist zwar theoretisch möglich. Praktisch dürfte diesem aber ohne Vereinsmitgliedschaft der Bedürfnisnachweis kaum gelingen. Insbesondere wird er kaum glaubhaft machen können, nach einer genehmigten Sportordnung zu schießen, regelmäßig an schießsportlichen Wettkämpfen o.ä. teilzunehmen und für seine Schießübungen eine eigene Waffe zu benötigen.[17]

Hintergrund dieser Regelung ist, daß den Vereinen und den anerkannten Schießsportverbänden erhebliche Kompetenzen im Rahmen des Nachweises und der Kontrolle des Bedürfnisses zufallen.

Wer **erstmalig eine gelbe WBK** beantragt, muß nämlich Mitglied eines entsprechenden Vereines sein und durch eine Bescheinigung des übergeordneten Verbandes belegen, daß er als Vereinsmitglied den Schießsport als Sportschütze seit mindestens zwölf Monaten regelmäßig betreibt. Für jeden **Erwerb von Kurzwaffen oder Selbstladegewehren** muß zusätzlich bescheinigt werden, daß die Waffe, die erworben werden soll, für eine Disziplin nach der Sportordnung des

---

[14] § 14 Abs. 4 WaffG.
[15] § 1 Abs. 2 AWaffV.
[16] § 8 WaffG; Nr. 8.1, Nr. 8.1.1 WaffVwV.
[17] Nr. 8.1.1 WaffVwV.

Verbandes zugelassen und erforderlich ist.[18] Was „regelmäßig" im Sinne dieser Vorschrift bedeutet, ist weder im WaffG noch in der AWaffV beschrieben. Mindestens ist jedoch erforderlich, daß der Sportschütze in diesen zwölf Monaten achtzehnmal insgesamt oder einmal monatlich intensiv Schießübungen mit der gewünschten Waffe in der fraglichen Sportdisziplin betrieben hat.[19] Es ist insoweit zwar nicht gesetzlich vorgeschrieben, aber zu Nachweiszwecken gegenüber dem Verband und später der Behörde zweckmäßig und üblich, daß der Sportschütze eigenständig seine schießsportlichen Aktivitäten in einer Schießkladde o.ä. dokumentiert und sich diese Aufzeichnungen jeweils vom Verein oder dem Schießstand bestätigen läßt. Entsprechende Vorducke sind in der Regel über die Vereine oder die Verbände erhältlich.

Auch derjenige, der **über das sog. „Sportschützenkontingent"**[20] hinaus weitere Selbstladegewehre oder Kurzwaffen erwerben will, benötigt eine Bescheinigung des Verbandes (nicht des Vereins), daß die weitere Waffe zur Ausübung weiterer Sportdisziplinen benötigt wird oder zur Ausübung des Wettkampfsports erforderlich ist. Zudem muß der Verband in beiden Fällen bescheinigen, daß der Antragsteller mit der Waffenart, die er zu erwerben wünscht, regelmäßig an Schießsportwettkämpfen teilgenommen hat.[21] Was in diesem Zusammenhang regelmäßig bedeutet, ist nicht näher definiert; eine einmalige oder lediglich sporadische Wettkampfteilnahme in größeren zeitlichen Abständen wird aber wohl nicht genügen. Eine regelmäßige Teilnahme an für jeden Sportschützen zugänglichen Wettkämpfen auf der untersten Vereinsebene ist dagegen ausreichend.[22] Wer indessen das Bedürfnis für weitere Waffen mit der Ausübung des Wettkampfsports und damit der beabsichtigten Leistungssteigerung begründen will, wird eine entsprechend häufigere Wettkampfteilnahme und gewisse sportliche Erfolge nachweisen müssen, weil ansonsten eine Steigerung seiner sportlichen Leistungen durch die weitere Waffe kaum zu erwarten und zu begründen sein wird. Auch hier sind deshalb entsprechende Aufzeichnungen des Sportschützen dringend zu empfehlen.

Schließlich ist die Behörde verpflichtet, **drei Jahre nach der ersten Erteilung** einer WBK zu prüfen, ob das Bedürfnis zum Umgang mit Waffen noch fortbesteht.[23] Entsprechend sind die Vereine gegenüber ihrem Verband verpflichtet, während dieser drei Jahre Nachweise über die schießsportlichen Aktivitäten der entsprechenden Mitglieder zu führen und ist die Behörde berechtigt, diese

---

[18] § 14 Abs. 2 WaffG; Nr. 14.2.1 WaffVwV.
[19] So der Gesetzgeber in der Begründung zum Gesetzentwurf und Nr. 14.2.1 WaffVwV.
[20] Drei halbautomatische Langwaffen, zwei mehrschüssige Kurzwaffen für Patronenmunition. Für andere Waffen gibt es keine zahlenmäßige Begrenzung.
[21] § 14 Abs. 3 WaffG; Nr. 14.3 WaffVwV.
[22] So der Gesetzgeber in der Begründung zum Gesetzentwurf und Nr. 14.3 WaffVwV.
[23] § 4 Abs. 4 WaffG; Nr. 4.4 WaffVwV.

Nachweise vom Verband zu verlangen.[24] Darüber hinaus – und das dürfte in der Praxis die Regel sein – kann die Behörde nach diesen drei Jahren vom Sportschützen selber den Nachweis verlangen, daß er in dieser Zeit den Schießsport regelmäßig betrieben hat, weil der Sportschütze gegenüber der Behörde zum Nachweis des Bedürfnisses verpflichtet ist.[25] Auch hier kommt also der Schießkladde maßgebliche Bedeutung zu.

Auch nach Ablauf dieser drei Jahre kann die Behörde seit der Änderung des WaffG im Juli 2009 jederzeit das Fortbestehen des Bedürfnisses überprüfen.[26]Der früher nach Ablauf der Dreijahresfrist gültige Grundsatz **„Einmal Sportschütze, immer Sportschütze" gilt nicht mehr**. Jeder Sportschütze ist deshalb gut beraten, den Schießsport nicht nur regelmäßig zu betreiben, sondern dies auch zu dokumentieren.

> **Praxistip:** Dies gilt für alle Sportdisziplinen, für die der Sportschütze Waffen besitzt, insbesondere dann, wenn es sich um Waffen handelt, die nur mit besonderer Erlaubnis erworben werden dürfen, wie z.B. Kurzwaffen. Es ist nämlich rechtlich möglich, demjenigen, der nur mit Langwaffen schießt, das Bedürfnis für den Besitz der Kurzwaffe abzusprechen, oder, bspw. bei fehlender Wettkampfteilnahme, die Erlaubnis zum Überschreiten des Sportschützenkontingents zu widerrufen.[27] Aufgrund der beständigen Diskussionen in der Öffentlichkeit ist insbesondere eine kritische Überprüfung des Besitzes von großkalibrigen Kurzwaffen durch Sportschützen nicht nur möglich, sondern auch wahrscheinlich.

Dies gilt auch für Sportschützen, die bereits vor dieser Neuregelung länger als drei Jahre im Besitz einer WBK waren, weil es insoweit keinen Bestandsschutz gibt. Auch diese Sportschützen müssen mit einer nachträglichen Bedürfnisprüfung rechnen, vor allem dann, wenn sie – was vor 2003 möglich war – keinem Verein angehören. Diese können zwar nicht verpflichtet werden, einem Verein beizutreten, müssen aber mit einer kritischen Überprüfung ihrer schießsportlichen Aktivitäten rechnen. In diesem Zusammenhang ist auch darauf hinzuweisen, daß die Vereine verpflichtet sind, **Austritte von WBK-Inhabern unverzüglich der Behörde zu melden**,[28] was zumindest Anlaß für eine Bedürfnisprüfung bei dem betreffenden Sportschützen sein dürfte.

> **Praxistip:** Eine verbreitete Unsitte ist es, Sportschützen, die den Schießsport nicht oder nicht regelmäßig betreiben, mit „Gefälligkeits-

---

[24] § 15 Abs. 1 Nr. 7 b & Abs. 4 WaffG.
[25] § 4 Abs. 1 Nr. 4 WaffG.
[26] § 4 Abs. 4 S. 3 WaffG; Nr. 4.4 WaffVwV.
[27] Nr. 14.3 WaffVwV.
[28] § 15 Abs. 5 WaffG.

stempeln" in den Schießkladden oder sonstigen Nachweisen „auszuhelfen". Fällt dergleichen auf, etwa durch einen Abgleich der Schießkladde mit den Aufzeichnungen des Vereins oder des Schießstandes, setzt sich der Sportschütze nicht nur dem Verdacht des fehlenden Bedürfnisses, sondern ggf. auch dem Vorwurf waffenrechtlicher Unzuverlässigkeit aus. Dem Verein droht Ärger mit seinem Verband, der seine Anerkennung als Schießsportverband gefährdet, wenn er solches Verhalten in seinen Mitgliedsvereinen duldet. Auch der Schießstandbetreiber gefährdet seine Zuverlässigkeit und damit seine Betriebserlaubnis, wenn er an derartigen Täuschungshandlungen gegenüber der Waffenbehörde mitwirkt. Wird eine solche gezielte Umgehung gesetzlicher Vorgaben öffentlich bekannt, schadet sie zudem dem Ansehen des Schießsports und des legalen Waffenbesitzes in Deutschland nachhaltig.

Wer den **Schießsport aufgibt oder nicht regelmäßig betreibt**, hat kein Bedürfnis zum Umgang mit Waffen und Munition und muß mit dem Entzug der WBK rechnen. Ist der Sportschütze **lediglich vorübergehend** an der Ausübung des Schießsports aus nachvollziehbaren Gründen gehindert, etwa wegen Krankheit oder Montagetätigkeit im Ausland, hat ihn aber ansonsten regelmäßig betrieben, und kann er das im Rahmen einer Bedürfnisüberprüfung durch die Behörde belegen, gefährdet dies den Fortbestand der WBK nicht.[29]

Wie diese **Überprüfungsmöglichkeiten in den einzelnen Bundesländern** konkret gehandhabt werden, kann unterschiedlich sein, weil der Vollzug des WaffG Ländersache ist und die WaffVwV den Behörden hier durchaus Ermessensspielräume läßt. Auskünfte können hier im Einzelfall nur die jeweiligen Waffenbehörden oder die Schießsportverbände erteilen.

---

[29] Nr. 4.4 WaffVwV.

VI.   Altersbeschränkungen im Schießsport

Minderjährigen ist jedweder Umgang mit Waffen und Munition untersagt, auch wenn es sich hierbei um erlaubnisfreie Gegenstände handelt.[30] Hiervon gibt es Ausnahmen und Sonderregeln für das Schießen im Rahmen des Schießsports. **Volljährige** hingegen dürfen zwar mit allen Waffen schießen, unterliegen aber beim Erwerb derselben gewissen Beschränkungen, sofern sie noch nicht fünfundzwanzig Jahre alt sind.

1)   Minderjährige auf dem Schießstand

Auf Schießständen dürfen Waffen und Munition zum sofortigen Verbrauch auch Nichtberechtigten vorübergehend zum Zwecke des Schießens überlassen werden, wenn diese **volljährig** sind.[31] Für **Minderjährige** gelten die nachfolgend genannten Einschränkungen.

In allen sonstigen Fällen dürfen **Nichtberechtigten und vor allem Minderjährigen** Waffen und Munition **keinesfalls** auch nur vorübergehend **überlassen** werden. **Zuwiderhandlungen** sind **Straftaten**, die teilweise mit einer Mindestfreiheitsstrafe von 6 Monaten bedroht sind.[32]

Selbst **Schießstandbetreiber und Standaufsichten**, die Minderjährigen unerlaubtes Schießen gestatten, begehen **Ordnungswidrigkeiten**, die mit empfindlichen Geldbußen, nämlich bis zu 10.000,-- €, geahndet werden können.[33]

Lediglich an **Schausteller-Schießbuden**, bspw. auf Volksfesten und Jahrmärkten, dürfen Kinder und Jugendliche nahezu unbeschränkt mit erlaubnisfreien Luftdruck-, Federdruck- und CO^2-Waffen schießen.[34]

a) Kinder und Jugendliche allgemein

Kinder und Jugendliche[35] dürfen nur dann schießen, wenn eine **schriftliche Einverständniserklärung der Sorgeberechtigten** (ggf. beider[36]) mitgeführt

---

[30] § 2 Abs. 1 WaffG.
[31] § 12 Abs. 1 Nr. 5, Abs. 2 Nr. 2 WaffG.
[32] § 52 Abs. 1 & Abs. 3 WaffG.
[33] § 53 Abs. 1 Nr. 12, Abs. 3 WaffG.
[34] § 27 Abs. 6 WaffG.
[35] Kind im Sinne des Gesetzes ist, wer das 14. Lebensjahr noch nicht vollendet hat; Jugendlicher ist, wer das 14., aber noch nicht das 18. Lebensjahr vollendet hat.

wird oder diese anwesend sind.[37] Diese Voraussetzung ist zwingend vorgeschrieben.

Das Schießen durch **Kinder und Jugendliche unter 16 Jahren** ist generell nur unter **Obhut entweder** eines zur Aufsichtsführung berechtigten (= als Schießstandaufsicht[38] zugelassenen) Sorgeberechtigten **oder** einer verantwortlichen und zur Kinder- und Jugendarbeit im Schießen geeigneten Aufsichtsperson zulässig.[39] Welche Qualifikation diese Aufsichtsperson haben muß, ist bislang nicht festgelegt, jedoch sollen bei Vereinen, die einem anerkannten Schießsportverband angehören, Ausbildungen ausreichen, die einen Bezug zur Jugendarbeit vermitteln, wie bspw. Jugendleiter, Lehrer, Geeignetheit zur beruflichen Ausbildung Jugendlicher, Lehrausbilder und ähnliches.[40]

Hinsichtlich der **zulässigen Waffen** gilt folgendes:

Kinder (unter 14 Jahren) dürfen grundsätzlich erst ab dem 12. Lebensjahr und nur mit erlaubnisfreien Luftdruck-, Federdruck- und CO^2-Waffen schießen. Der Umgang mit sonstigen Waffen jeder Art und Munition ist ihnen verboten.[41]

Diese Regelungen sind unverändert geblieben, jedoch ist seit der Neufassung des WaffG im Jahre 2009 Jugendlichen das Großkaliberschießen verboten. Hinsichtlich der für diese zulässigen Waffen und Kaliber gilt Folgendes:

Jugendliche (14 bis 18 Jahre) dürfen ausschließlich mit folgenden Waffen schießen:[42]

- Kurz- und Langwaffen für Randfeuerpatronen bis zu einem Kaliber von 5,6 mm l.f.B (.22 l.r.) mit einer maximalen Mündungsenergie (Eo) von 200 Joule;
- Einzelladerlangwaffen[43] mit glatten Läufen im Kaliber 12 oder kleiner (also Bock- oder Doppelflinten; **nicht aber** Vorderschaftrepetier- oder Selbstladeflinten).

---

[36] Familienrechtlich steht die elterliche Sorge beiden Elternteilen gemeinsam zu, wenn diese miteinander verheiratet sind oder eine entsprechende Erklärung abgegeben haben. Gegen den Willen auch nur eines Elternteils darf ein Minderjähriger nicht schießen.

[37] § 27 Abs. 3 S. 1 WaffG.

[38] § 10 AWaffV.

[39] § 27 Abs. 3 S. 1 & S. 5 WaffG; Nr. 27.4.1, Nr. 27.4.2 WaffVwV.

[40] § 10 Abs. 5 & Abs. 6 AWaffV; Nr. 27.4.2 WaffVwV.

[41] § 2 Abs. 1, § 27 Abs. 3 Nr. 1 WaffG.

[42] § 27 Abs. 3 Nr. 2 WaffG.

[43] **Einzelladerwaffen** sind ein- oder mehrläufige Waffen ohne Magazin, die vor jedem Schuß aus demselben Lauf von Hand geladen werden müssen; vgl. Anlage 1 Abschnitt 1 Unterabschnitt 1 Nr. 2.4 WaffG.

Mit allen anderen Waffen dürfen Jugendliche nicht schießen. Das gilt auch für erlaubnisfreie Waffen, wie z.b. Vorderladerbüchsen und –kurzwaffen.

Kindern kann zur **Förderung des Leistungssports** eine behördliche Ausnahmegenehmigung von diesen Alterserfordernissen – nicht aber von den Waffen- und Kaliberbeschränkungen – erteilt werden.[44] Diese Ausnahmegenehmigung kann für das einzelne Kind, aber auch **veranstaltungsbezogen** für die dort anwesenden Kinder erteilt werden, bspw. zur Durchführung von „Schnuppertagen" der Schützenvereine im Rahmen der Jugendarbeit oder eines Kinderkönigsschießens.[45] Hieraus folgt jedoch, daß Kinder auch dann nur mit Waffen schießen dürfen, die für das sportliche Schießen in der jeweiligen Disziplin zugelassen sind, nicht aber bspw. mit einem Fangschußrevolver für die Baujagd im Kaliber .22 lfB mit einer Lauflänge unter 7,62 cm bei einer Sportveranstaltung, weil dieser als Sportwaffe nicht zugelassen ist.[46] Für **Jugendliche** gibt es diese Ausnahmemöglichkeit nicht.

***Beispiel:** Die Behörde kann einem sportlich begabten 10jährigen das Schießen mit erlaubnisfreien Luftdruckwaffen oder einem sportlich begabten 13jährigen das Schießen mit Kleinkaliberwaffen, nicht aber das Schießen mit Großkaliberwaffen gestatten. Auch einem 17jährigen darf sie Letzteres nicht vorzeitig erlauben.*

Achtung: Es gibt **Randzünderpatronen im Kaliber .17**, bspw. die Patrone .17 Hornady (HMR), die zwar kleiner als Kaliber 5,6mm l.f.B. sind, jedoch eine Mündungsenergie deutlich über 200 Joule aufweisen können. Mit Waffen in diesen Kalibern dürfen Minderjährige nicht schießen. Ebenfalls **unzulässig sind alle Zentralfeuerkaliber**, auch wenn die Mündungsenergie weniger als 200 J beträgt, wie z.B. die Patronen .32 S&W long oder 6,35 mm Browning. **Schrotkaliber sind nur unzulässig**, wenn das Laufkaliber größer ist als Kaliber 12. Auf die Hülsenlänge kommt es nicht an. Zulässig sind deshalb bspw. alle Kaliber von 12/65 bis 12/89. **Unzulässig** sind auch **erlaubnispflichtige Luftdruckwaffen** (sog. „Weitschußluftgewehre").

b) Jagdscheinanwärter und Jugendjagdscheininhaber

Für diese Personen **gelten die vorstehend genannten Beschränkungen nicht.**

Jugendliche von 14 bis 18 Jahren in der Jagdausbildung dürfen mit Jagdwaffen unter Aufsicht eines Ausbilders umgehen und schießen, wenn sie eine vom Sorgeberechtigten (ggf. beiden) und Ausbildungsleiter unterzeichnete **Berechti-**

---

[44] § 27 Abs. 4 WaffG.
[45] Nr. 3.3, Nr. 27.4.2.3 WaffVwV.
[46] § 6 Abs. 1 Nr. 1 AWaffV.

gungsbescheinigung bei sich führen.[47] Einer besonderen Eignung des Ausbilders für die Kinder- und Jugendarbeit bedarf es hier bei Jugendlichen unter 16 Jahren nicht.

Beispiel: Der Jugendliche muß sich in der Jagdausbildung befinden, um nach diesen Sondervorschriften schießen zu dürfen. Der Sportschütze darf deshalb keinesfalls einen Jugendlichen mit Großkalibergewehren schießen lassen, damit sich dieser auf den noch nicht begonnenen Jagdlehrgang vorbereiten kann.

Jugendjagdscheininhaber dürfen mit Jagdwaffen ohne Einschränkungen schießen, ihnen dürfen jedoch Waffen und Munition nur vorübergehend zu diesem Zweck (Kurzwaffen nur unmittelbar auf dem Schießstand!) überlassen werden.[48]

Achtung: Dieses „Jägerprivileg" gilt zwar für alle Jagdwaffen ungeachtet des Kalibers, nicht aber für Waffen, die keine Jagdwaffen sind, wie bspw. Selbstladegewehre mit einer Magazinkapazität von mehr als zwei Schuß. Bezüglich solcher Waffen gelten für Jagdscheinanwärter und Jugendjagdscheininhaber dieselben Beschränkungen wie für andere Jugendliche auch.

Zu den im Einzelnen zulässigen Waffenarten siehe nebenstehende Tabelle.

---

[47] § 2 Abs. 1 & Abs. 2, § 3 Abs. 1, § 13 Abs. 8, § 27 Abs. 5 WaffG, Nr. 27.6 WaffVwV.
[48] § 13 Abs. 7 WaffG.

Zulässige Waffen für das Schießen durch Minderjährige

Personenkreis:	Zugelassene Waffenarten:	*Anmerkungen:*
Kinder unter 12 Jahren:	Keine.	*Schießen ist generell verboten.*
Kinder von 12 bis 14 Jahren:	- Erlaubnisfreie Luftdruck-, Federdruck- und CO 2-Waffen	*Nur mit Zustimmung der Sorgeberechtigten und unter besonderer Obhut.*
Kinder, auch unter 12 Jahren, mit behördlicher Ausnahmegenehmigung zur Sportförderung:	- Erlaubnisfreie Luftdruck-, Federdruck- und CO 2-Waffen; - Kurzwaffen mit Lauflänge ab 7,62cm (sonst keine Sportwaffe) und Büchsen, jeweils bis Kal. 5,6mm l.f.B. und Eo max. 200 J; - Einzelladerflinten im Kal. 12 oder kleiner.	*Nur mit Zustimmung der Sorgeberechtigten und unter besonderer Obhut.*
Jugendliche von 14 bis 16 Jahren:	- Erlaubnisfreie Luftdruck-, Federdruck- und CO 2-Waffen; - Kurzwaffen und Büchsen, jeweils bis Kal. 5,6mm l.f.D. und Eo max. 200 J; - Einzelladerflinten im Kal. 12 oder kleiner.	*Nur mit Zustimmung der Sorgeberechtigten; Feuerwaffen nur unter besonderer Obhut.*
Jugendliche von 16 bis 18 Jahren:	- Erlaubnisfreie Luftdruck-, Federdruck- und CO 2-Waffen; - Kurzwaffen und Büchsen, jeweils bis Kal. 5,6mm l.f.B. und Eo max. 200 J; - Einzelladerflinten im Kal. 12 oder kleiner.	*Nur mit Zustimmung der Sorgeberechtigten.*
Jugendliche von 14 bis 18 Jahren in der Jagdausbildung:	- Erlaubnisfreie Luftdruck-, Federdruck- und CO 2-Waffen; - alle Kurzwaffen; - alle Jagdwaffen, d.h. alle Büchsen und Flinten außer Selbstladegewehren mit mehr als 2 Schuß Magazinkapazität; - Selbstladebüchsen mit mehr als 2 Schuß Magazinkapazität nur bis Kal. 5,6mm l.f.B. und Eo max. 200 J (keine Jagdwaffen).	*Nur mit Berechtigungsbescheinigung der Sorgeberechtigten und des Ausbildungsleiters. Die letztgenannten Selbstladebüchsen nur mit Zustimmung der Sorgeberechtigten und bis 16 Jahre nur unter besonderer Obhut.*
Jugendjagdscheininhaber unter 18 Jahren:		*Die letztgenannten Selbstladebüchsen nur mit Zustimmung der Sorgeberechtigten und bis 16 Jahre nur unter besonderer Obhut.*

Mit allen anderen Schußwaffen dürfen Minderjährige keinesfalls schießen!

2)   Alterserfordernisse für die Erteilung einer WBK an Volljährige

Volljährig sind Personen, die das 18. Lebensjahr vollendet haben. Sie dürfen unbeschränkt mit erlaubnisfreien Waffen umgehen und auf Schießständen mit allen Schußwaffen schießen. Das gesetzliche Mindestalter für die Erteilung waffenrechtlicher Erlaubnisse beträgt grundsätzlich 18 Jahre,[49] jedoch erfahren Sportschützen hier gewisse altersmäßige Einschränkungen.

Das **Mindestalter** für die unbeschränkte Erteilung einer WBK an **Sportschützen** beträgt **21 Jahre**.[50]

Sportschützen, die 18 Jahre, aber noch nicht 21 Jahre alt sind, darf nur eine Erlaubnis zum Erwerb und Besitz von folgenden Schußwaffen und Munition erteilt werden, wenn die übrigen Voraussetzungen, insbesondere das Bedürfnis, vorliegen und die Waffen für die entsprechende Sportdisziplin zugelassen sind:[51]

- alle Kurz- und Langwaffen für Randfeuerpatronen bis zu einem Kaliber von 5,6 mm l.f.B (.22 l.r.) mit einer maximalen Mündungsenergie (Eo) von 200 Joule und
- Einzelladerlangwaffen[52] mit glatten Läufen im Kaliber 12 oder kleiner (also Bock- oder Doppelflinten; **nicht aber** Vorderschaftrepetier- oder Selbstladeflinten).

Hier handelt es sich im Ergebnis um dieselben Waffen, mit denen auch schon Minderjährige schießen dürfen, weshalb die dortigen Erläuterungen entsprechend gelten. Ausnahmen sieht das Gesetz nicht vor.

Sportschützen dieser Altersgruppe wird deshalb eine gelbe WBK nicht oder nicht ohne Beschränkungen erteilt werden, weil diese u.a. auch zum Erwerb von großkalibrigen Büchsen berechtigt.[53]

Sportschützen, die 21 Jahre, aber noch nicht 25 Jahre alt sind, müssen für die erstmalige Erteilung einer WBK auf eigene Kosten mittels eines amts- oder fachärztlichen oder fachpsychologischen Gutachtens ihre persönliche Eignung und geistige Reife für den Umgang mit Schußwaffen und Munition nachweisen. **Dies gilt nicht**, sofern lediglich die eben genannten Waffen und Munitionsarten

---

[49] § 2 Abs. 1, § 4 Abs. 1 Nr. 1 WaffG.
[50] § 14 Abs. 1 S. 1 WaffG.
[51] § 14 Abs. 1 S. 1 & S. 2 WaffG.
[52] **Einzelladerwaffen** sind ein- oder mehrläufige Waffen ohne Magazin, die vor jedem Schuß aus demselben Lauf von Hand geladen werden müssen; vgl. Anlage 1 Abschnitt 1 Unterabschnitt 1 Nr. 2.4 WaffG.
[53] Nr. 6.4, Nr. 14.1 WaffVwV.

erworben werden sollen, die bereits mit 18 Jahren erworben werden dürfen.[54] Nur derjenige, der darüber hinaus sog. „**Großkaliberwaffen**" erwerben möchte, unterliegt also der **Begutachtungspflicht**.

Wer als **Gutachter** in Betracht kommt, ist ebenfalls geregelt. Dies können bspw. Amtsärzte, Psychiater, Neurologen, approbierte Psychotherapeuten und bestimmte Fachpsychologen sein.[55] Zu beachten ist jedoch, daß der Gutachter den Sportschützen, den er begutachten soll, in den letzten fünf Jahren vor der Begutachtung nicht als Patient behandelt haben darf.[56]

Inhalt des Gutachtens ist die Frage, ob der Sportschütze die für den Umgang mit Waffen und Munition erforderliche geistige Reife hat. Daneben muß es angeben, welcher Fachrichtung der Gutachter angehört und daß der Sportschütze sich persönlich vorgestellt hat. Ferner müssen der Umfang der Untersuchung und die angewandte Methodik erkennbar sein.[57]

Praxistip: Die nicht unerheblichen Kosten dieses Gutachtens hat der Sportschütze zu tragen. Die AWaffV schreibt indessen nicht nur die erforderliche Qualifikation des Gutachters, sondern auch bestimmte Mindestanforderungen an Inhalt und Feststellungen des Gutachtens vor. Es ist deshalb sinnvoll, einen Gutachter zu beauftragen, der mit derartigen Gutachten Erfahrung hat und weiß, worauf es ankommt, damit die Waffenbehörde das Gutachten hinterher auch akzeptiert. In Zweifelsfällen ist daher eine entsprechende vorherige Abstimmung mit der Waffenbehörde oder Nachfrage beim jeweiligen Gutachter ratsam. Ggf. können auch Schießsportvereine oder –verbände geeignete Gutachter benennen.

Erst **Sportschützen ab dem 25. Lebensjahr** unterliegen keinen altersabhängigen Beschränkungen für die Erteilung von waffenrechtlichen Erlaubnissen mehr.

---

[54] § 6 Abs. 3 WaffG; § 4 AWaffV.
[55] Einzelheiten ergeben sich aus § 4 Abs. 2 AWaffV.
[56] § 4 Abs. 4 AWaffV.
[57] § 4 AWaffV; Nr. 6.4, Nr. 6.6 WaffVwV.

VII. Waffenrechtliche Befugnisse zum Umgang mit Schußwaffen und Munition aus der Waffenbesitzkarte

Das Waffengesetz arbeitet mit dem Regel-Ausnahme-Prinzip. Die Grundregel lautet, daß **jedweder Umgang mit Schußwaffen und Munition erlaubnispflichtig** ist.[58] Hiervon gibt es Ausnahmen für bestimmte Waffen (z.b. Dekorationswaffen, Soft-Air-Waffen), bestimmte Personen (z.b. Sportschützen) und bestimmte Arten des Umgangs (z.b. Erwerb und Besitz von Luftdruckwaffen; Beförderung). Diese Ausnahmen gelten jedoch nur, wenn ihre Voraussetzungen vorliegen und die mit ihnen verbundenen Auflagen eingehalten werden. Ist dies nicht der Fall, gilt automatisch wieder die Grundregel der Erlaubnispflicht.

1) Erwerb und Besitz (Leihen und Kaufen)

Die (gelbe) **Sportschützen-WBK** berechtigt zum **Erwerb und Besitz** von folgenden Waffen und der zugehörigen Munition:

- Einzellader-Langwaffen mit glatten und gezogenen Läufen (Einzelladerbüchsen und –flinten),
- Repetier-Langwaffen mit gezogenen Läufen (Repetierbüchsen; **nicht:** Repetierflinten wie bspw. Pump-Action-Flinten),
- einläufige Einzellader-Kurzwaffen für Patronenmunition,
- mehrschüssige Kurz- und Langwaffen mit Zündhütchenzündung (Perkussionswaffen; also bspw. mehrläufige Vorderladerwaffen oder Perkussionsrevolver).

Sonstige Munition, für die der Sportschütze keine Waffen besitzt, darf nicht erworben und besessen werden. Die gelbe WBK **berechtigt nicht** zum Erwerb des für die Vorderladerwaffen benötigten **Schwarzpulvers**; hierfür ist eine gesonderte Erlaubnis nach § 27 SprengG erforderlich.

Eine zahlenmäßige Beschränkung für diese Waffen gibt es nicht, jedoch dürfen binnen sechs Monaten nicht mehr als zwei Schußwaffen erworben werden.[59] Dieses sog. **Erwerbsstreckungsgebot** gilt für jeglichen Waffenerwerb aufgrund grüner und gelber WBK, eine Differenzierung findet nicht statt.[60] Es bedeutet auch nicht etwa, daß pro Halbjahr zwei Waffen erworben werden dürfen. Diese Auffassung ist zwar verbreitet, aber falsch. Vielmehr müssen seit dem vorletzten Waffenerwerb sechs Monate vergangen sein.

---

[58] § 2 Abs. 2 WaffG.
[59] § 14 Abs. 2 S. 3 WaffG.
[60] Nr. 14.2.2 WaffVwV.

Beispiel: Hat ein Sportschütze am 12.03. und am 25.06. eines Jahres mit gelber WBK je eine Waffe erworben und beabsichtigt er nunmehr den Erwerb einer Pistole mittels einer grünen WBK mit entsprechendem Voreintrag, kann er dies nicht etwa am 01.07. desselben Jahres mit der Begründung tun, das neue Halbjahr habe begonnen oder die Erwerbsberechtigung sei eine andere, sondern frühestens am 13.09., weil erst dann die Sechsmonatsfrist verstrichen ist und er ansonsten binnen dieser Frist drei Waffen erworben haben würde.

Zuwiderhandlungen gegen das Erwerbsstreckungsgebot machen den Waffenerwerb zwar nicht unwirksam oder illegal und berechtigen die Waffenbehörde auch nicht, die Eintragung der Waffe zu verweigern, verstoßen aber gegen das WaffG und können, insbesondere im Wiederholungsfalle, die waffenrechtliche Unzuverlässigkeit begründen.[61]

Der **vorübergehende Erwerb einer Waffe nebst zugehöriger Munition** von einem Berechtigten zur sicheren Verwahrung oder Beförderung oder das Ausleihen für sportliche Zwecke ist für längstens einen Monat ebenfalls **aufgrund der (gelben oder grünen) WBK** zulässig, auch wenn in dieser weder eine entsprechende Waffe eingetragen noch ein entsprechender Voreintrag vorhanden ist.[62] Einen **schriftlichen Beleg** über den Kauf oder den vorübergehenden Erwerb mitzuführen, aus dem sich Überlasser, Erwerber und Datum der Überlassung ergeben, ist nur vorgeschrieben, wenn der Erwerber die Waffe befördert; ansonsten nicht.[63]

Die Leihe von (Lang- oder Kurz-) Waffen zur eigenen Verwendung ist **nur im Rahmen des Bedürfnisses zulässig.** Vom Schießsport ausgeschlossene Waffen, bspw. einen jagdlichen Fangschußrevolver mit 2 Zoll Lauflänge, darf sich ein Sportschütze demnach nicht ausleihen.[64]

Sofern ein Bedürfnis hierfür nachgewiesen wird (siehe oben V.), ist auch der **dauerhafte Erwerb von bis zu zwei Kurzwaffen, bis zu drei Selbstladegewehren und Repetierflinten** durch Sportschützen möglich, jedoch berechtigt die gelbe WBK nicht zu deren Erwerb. Hierzu bedarf es einer gesonderten **Erwerbserlaubnis**, die als sog. Voreintrag in einer **grünen WBK**, der Waffenart (z.B. Pistole, Revolver, Selbstladebüchse, Selbstlade- oder Repetierflinte) und Kaliber bezeichnet, erteilt wird und eine Gültigkeit von einem Jahr hat. Auch die Erlaubnis zum **Erwerb und Besitz von Kurzwaffenmunition und Munition für diese Waffen** wird durch einen entsprechenden Eintrag in der WBK erteilt. Diese Erlaubnis gilt nur für Munition des jeweils eingetragenen Kalibers.

---

[61] § 5 Abs. 2 Nr. 5 WaffG; Nr. 14.4 WaffVwV.
[62] § 12 Abs. 1 Nr. 1, § 34 Abs. 2 WaffG, Nr. 12.1.1.1 WaffVwV. Die Waffe muß demnach **für sportliche Zwecke auch zugelassen** sein.
[63] § 38 WaffG.
[64] Nr. 12.1.1.1 WaffVwV.

Auf gelbe WBK oder mit Voreintrag auf Dauer erworbene Waffen sind **binnen zwei Wochen** ab dem Erwerb bei der Waffenbehörde anzumelden.

Achtung: Der Erwerb und Besitz von Munition für erlaubnispflichtige Waffen ist immer erlaubnispflichtig, auch wenn es sich um sog. „Platzpatronen", vom Gesetz als Kartuschenmunition bezeichnet, handelt.

<u>Praxistip:</u> Es ist dringend anzuraten, bei der Leihe von Waffen deren Herkunft bzw. Verbleib mittels eines Leihscheins und ggf. einer Ablichtung der WBK, in der die Waffe eingetragen ist, zu dokumentieren. Gleiches gilt beim Kauf oder Verkauf von Waffen. Nicht allein aufgrund waffenrechtlicher Nachweispflichten, sondern auch aus zivilrechtlicher Sicht ist ein schriftlicher Kaufvertrag geboten. Denn die **Gewährleistungspflicht** des Verkäufers kann – auch beim Verkauf einer Gebrauchtwaffe unter Privaten – **nur durch einen schriftlichen Kaufvertrag wirksam ausgeschlossen** werden.

Muster für Leihschein und Kaufvertrag befinden sich am Ende des Buches.

<u>Praxistip:</u> Aus Revolvern bestimmter Kaliber lassen sich auch geschoßkalibergleiche, schwächere Patronen verschießen (bspw. .357 Magnum = .38 Special, .44 Magnum = .44 Special, .454 Casull = .45 Long Colt). Wer sich eine solche Waffe zulegt, sollte vorsorglich darauf bestehen, daß auch die Munitionserwerbserlaubnis für das schwächere Kaliber in der WBK eingetragen wird. Die teilweise, auch von Waffenbehörden, vertretene Auffassung, die Erlaubnis zum Erwerb der stärkeren Munition berechtige automatisch auch zum Erwerb der schwächeren, klingt zwar auch in der WaffVwV an, findet aber im WaffG keine sichere Stütze und wird entsprechend nicht von allen Behörden und Waffenhändlern geteilt. Zumindest ist nun aber klargestellt, daß jedenfalls das Bedürfnis zum Erwerb auch der schwächeren Munition anzuerkennen ist.[65]

2) Führen und Schießen

Grundsätzlich ist zum **Führen** von erlaubnisfreien wie erlaubnispflichtigen Schußwaffen stets ein **Waffenschein** erforderlich. Mit diesen zu **schießen** ist grundsätzlich nur mit **behördlicher Schießerlaubnis** oder auf **zugelassenen Schießstätten** erlaubt und im Übrigen, auch mit Platzpatronen, ohne Schießerlaubnis verboten und ordnungswidrig.[66] Hiervon ausgenommen sind nur einzelne Arten von erlaubnisfreien Schußwaffen.

---

[65] Nr. 10.10. WaffVwV.
[66] § 12 Abs. 4, § 53 Abs. 1 Nr. 3 WaffG.

38

Der Sportschütze ist von diesen Erlaubnispflichten nicht befreit. Vor allem dürfen Sportschützen grundsätzlich keine Waffen führen. Sie dürfen regelmäßig nur **auf zugelassen Schießstätten** mit Schußwaffen umgehen und dort mit diesen sportlich schießen.

> **Praxistip:** Insbesondere für Schrotflinten werden Platzpatronen und Effektpatronen, z.b. mit Leuchtkugeln, angeboten. Diese außerhalb von Schießständen, bspw. zu Silvester im Garten oder auf der Straße, zu verschießen ist nicht nur verboten, sondern generell nicht anzuraten. Solche Munition ist meist mit Schwarzpulver geladen, welches im Gegensatz zum sonst üblichen Nitrocellulosepulver erhebliche Verbrennungsrückstände hinterläßt. Der nachfolgende Reinigungsaufwand ist erheblich und steht außer Verhältnis zum Spaßfaktor beim Verschießen.

Ferner dürfen Sportschützen den Regeln entsprechend als Teilnehmer an genehmigten Sportwettkämpfen auf festgelegten Wegstrecken **Langwaffen nichtschußbereit, d.h. vollständig entladen**, führen, wie dies bspw. beim Biathlon der Fall ist.[67] In diesen Fällen gilt: **Patronenlager entladen, Magazin entnehmen oder entleeren.** Es ist nicht zulässig und im Biathlon auch regelwidrig, die Waffe nur zu unterladen.[68]

> **Praxistip:** Eine Waffe ist schußbereit, wenn sie **geladen** ist, d.h., wenn Munition in der Trommel, im in die Waffe eingefügten Magazin oder im Patronenlager ist.[69] Ein Schaftmagazin ist ebensowenig ein Magazin im technischen Sinne wie eine Aufnahme für ein Reservemagazin am Hinterschaft. Diese dienen nicht der Zuführung von Patronen, sondern gleich einem Patronenetui deren Aufbewahrung. Auch wenn sich Munition im Schaftmagazin oder ein Magazin in der Schaftaufnahme befindet, bleibt die Waffe ungeladen. Gleiches gilt, wenn sich Munition in außen an der Waffe oder – bei Kurzwaffen – am Holster angebrachten Halterungen (Magazintasche, Patronenschlaufen) befindet.

Das **Führen von Waffen** in Wohnung, Geschäftsräumen oder befriedetem Besitztum **eines anderen** mit dessen Zustimmung oder auf Schießstätten ist **nur im Rahmen des Bedürfnisses zulässig.**[70]

Beispiel: Nebenberufliche Bewachungstätigkeiten mit der Sportpistole, z.B. nachts oder am Wochenende auf einsamen Firmengeländen, sind unzulässig.

---

[67] § 12 Abs. 3 Nr. 3 WaffG; Nr. 12.3.4 WaffVwV
[68] Unterladen = Teilgeladen = Munition im Magazin, Patronenlager frei.
[69] Anlage 1 Abschnitt 2 Nr. 12 WaffG.
[70] § 12 Abs. 3 Nr. 1 & Nr. 2 WaffG; Nr. 12.3.1, Nr. 12.3.2 WaffVwV.

Ansonsten ist das **Führen von Schußwaffen** außerhalb der eigenen Wohnung, der eigenen Geschäftsräume, des eigenen befriedeten Besitztums oder einer Schießstätte grundsätzlich **unzulässig und verboten. Zuwiderhandlungen** sind Straftaten.

Auch das insbesondere bei Schützenvereinen beliebte **Salutschießen** zu runden Geburtstagen und sonstigen Ehrentagen von Vereinsmitgliedern vor Gaststätten oder Wohnhäusern ist **ohne behördliche Schießerlaubnis verboten** und in aller Regel nicht nur wegen des Schießens **ordnungswidrig**, sondern auch wegen unerlaubten Führens der hierbei verwendeten Waffen **strafbar**.

Achtung: Das unerlaubte Führen halbautomatischer Kurzwaffen (=Selbstladepistolen) wird mit **Freiheitsstrafe nicht unter sechs Monaten** bestraft.[71]

3)   Beförderung (Transport)

Die Beförderung ist ein Unterfall des Führens und waffenscheinfrei zulässig, wenn sie im Rahmen des Bedürfnisses erfolgt (z.B. zum Büchsenmacher oder zum Schießstand), die Waffe beim Transport entladen (nicht unterladen, siehe oben VII.2.) und in einem verschlossenen Behältnis verpackt ist. Ansonsten liegt – ggf. verbotenes und strafbares – Führen vor.

> **Praxistip:** Es ist zulässig, Waffen und Munition in demselben verschlossenen Behältnis zu transportieren, solange sich die Munition neben oder an der **vollständig entladenen** Waffe und nicht in der Waffe befindet. Es ist nur vorgeschrieben, Waffen und Munition getrennt voneinander aufzubewahren. Ein Gebot, sie auch getrennt zu transportieren, gibt es nicht. Es ist also nur dann erforderlich, bei Wettkampfreisen ein zweites Behältnis für Munition mitzuführen, wenn Waffe und Munition am Zielort aufbewahrt werden müssen (siehe unten VIII.2.).

Soweit die WaffVwV ausführt, eine Waffe sei **zugriffsbereit, wenn sie mit weniger als drei Handgriffen in weniger als drei Sekunden in Anschlag gebracht** werden könne,[72] verführt sie dadurch zu dem Schluß, daß es, wenn dies nicht der Fall sei, keines verschlossenen Behältnisses bedürfe. Diese Darstellung ist **mißverständlich und widerspricht dem eindeutigen Wortlaut des WaffG**, das die WaffVwV, die kein Gesetz ist (siehe oben I.) weder ändern noch aufweichen kann. Dieses Problem haben offenbar die Urheber der WaffVwV auch erkannt, denn an anderer Stelle empfehlen sie, die Waffe „am besten in einem (mit einem Zahlen- oder Vorhängeschloß) verschlossenen Futteral oder Waffen-

---

[71] § 52 Abs. 1 Nr. 2 b WaffG. Ein **Double-Action-Revolver** gilt **nicht** als Halbautomat.
[72] Anlage 1 Abschnitt 2 Nr. 12 und 13 WaffVwV.

koffer" zu transportieren.[73] Dieser Empfehlung kann man sich angesichts des eindeutigen Gesetzeswortlauts und der Entstehungsgeschichte der Vorschrift nur anschließen: Der Gesetzgeber hat nichts anderes als den Transport in einem verschlossenen Behältnis gewollt (siehe oben III.) und diese „Drei-Handgriffe/Drei-Sekunden"-Regel, die bereits im Gesetzgebungsverfahren diskutiert worden war, aus gutem Grund wegen der zu erwartenden Auslegungs- und Anwendungsprobleme in der Praxis verworfen und explizit nicht in das Gesetz aufgenommen.

Wer **unterwegs sein Fahrzeug kurzfristig verläßt**, bspw. wegen Tankstops, Besorgungen unterwegs, Toilettengängen oder der Einnahme von Mahlzeiten, kann die Waffen im verschlossenen Fahrzeug belassen, wenn diese von außen nicht erkennbar sind, diese sich also im Kofferraum befinden, zerlegt in einem Waffenkoffer transportiert werden, der als solcher nicht erkennbar ist, oder auch unter anderem Gepäck verdeckt sind. Ein einfaches Waffenfutteral auf dem Rücksitz, das auch für Laien als solches erkennbar ist, genügt nicht.[74] Ebenso ist es unzulässig, ein Fahrzeug mit Schußwaffen über einen längeren Zeitraum unbeaufsichtigt abzustellen, auch wenn diese von außen nicht erkennbar sind.[75]

Beispiel: *Es ist erlaubt, während des Mittagessens unterwegs die Sportwaffe verdeckt im Auto zu deponieren. Es ist hingegen unzulässig, die Waffe während einer mehrstündigen Abendveranstaltung im unbeaufsichtigten PKW zu lagern oder diesen wegen Alkoholkonsums mitsamt der Waffe stehen zu lassen und erst am folgenden Tag abzuholen.*

Inhaber einer WBK dürfen Waffen und Munition für einen Berechtigten befördern. Für die Beförderung von jagdlichen Langwaffen und Langwaffenmunition reicht der **Jagdschein** aus.[76]

Nichtberechtigte dürfen weder Waffen noch Munition befördern. Auch Gefälligkeiten, z.B. Mitnahme der ordnungsgemäß verpackten Waffe zum Büchsenmacher durch die Ehefrau oder Tragen der Waffe durch Nichtberechtigte auf dem Weg vom Parkplatz zum Schießstand, sind unzulässig.[77] **Zuwiderhandlungen** sind für beide Beteiligten Straftaten. **Ausgenommen** hiervon sind gewerbliche Beförderungsunternehmen wie bspw. die Post (siehe unten VII.5.).

---

[73] Nr. 12.3.3.2 WaffVwV.
[74] Nr. 36.2.15 WaffVwV.
[75] Nr. 12.3.3.2 WaffVwV.
[76] § 12 Abs. 1 Nr. 1 b, § 13 Abs. 4, § 12 Abs. 2 Nr. 1 WaffG.
[77] Anlage 1 Abschnitt 2 Nr. 1 WaffVwV.

4) Überlassen (Verleihen und Verkaufen)

Erlaubnispflichtige Waffen und Munition dürfen **nur an Berechtigte** überlassen werden. Berechtigt ist, wer diese – ggf. im Rahmen seines Bedürfnisses – erwerben darf (siehe oben VII.1). Diese Berechtigung muß offensichtlich oder nachgewiesen sein.[78] Werden erlaubnispflichtige Waffen einem Dritten dauerhaft überlassen, z.b. verschenkt oder verkauft, hat der Überlasser dies der Waffenbehörde binnen zwei Wochen unter Vorlage der WBK anzuzeigen.[79]

Beispiel: Ein Jäger darf seine Kurzwaffe einem Sportschützen vorübergehend überlassen, wenn dieser im Besitz einer WBK ist und die Waffe für dessen Bedürfnis geeignet ist. Die bei Jägern beliebten Fangschußwaffen mit Lauflängen unter drei Zoll dürfen Sportschützen nicht überlassen werden, weil Kurzwaffen mit Lauflängen unter drei Zoll für das sportliche Schießen nicht zugelassen sind, der Sportschütze diese mithin nicht erwerben[80] und mit diesen selbst auf dem Schießstand nicht schießen darf.[81] Umgekehrt gilt dasselbe für ein nach dem BJagdG unzulässiges Selbstladegewehr mit mehr als zwei Schuß Magazinkapazität, jedoch darf der Jäger mit einem solchen Gewehr auf dem Schießstand schießen, weil dieses Gewehr – anders als die genannten Kurzwaffen – für den Schießsport zugelassen ist.

Praxistip: Jeder Waffenbesitzer ist für seine Waffen und deren Verbleib ausschließlich selbst verantwortlich. Er ist daher gut beraten, wenn er sich **immer** die Erwerbsberechtigung desjenigen, dem er Waffen überlassen will, im Original vorzeigen läßt und diese prüft (**Kurzwaffen**, **Repetierflinten** und **Selbstladegewehre** dürfen z.B. **dauerhaft** nur mit Voreintrag in der grünen WBK erworben werden). Zudem sollte die Überlassung **immer** durch Leihschein oder Kaufvertrag dokumentiert werden, wobei Grund und Zweck der Überlassung, Waffenbezeichnung und Waffennummer, Bezeichnung der waffenrechtlichen Erlaubnisse beider Beteiligter mit ausstellender Behörde und Nummer, ggf. Dauer der Überlassung und Zeitpunkt der Übergabe nach Datum und Uhrzeit benannt werden sollten. **Dies auch dann, wenn es nicht vorgeschrieben ist** (siehe oben VII.1.).

Auf Schießständen dürfen erlaubnispflichtige Waffen und Munition zum sofortigen Verbrauch auch Nichtberechtigten vorübergehend zum Zwecke des Schießens überlassen werden, wenn diese **volljährig** sind.[82] **Kindern** (unter 14 Jahren) dürfen erlaubnispflichtige Waffen und Munition gar nicht, **Jugendlichen**

---

[78] § 34 Abs. 1 WaffG; Nr. 34.1, Nr. 34.2 WaffVwV.
[79] § 34 Abs. 2 Satz 2 WaffG.
[80] § 6 Abs. 1 Nr. 1 AWaffV.
[81] § 6 Abs. 1 Nr. 1, § 9 Abs. 1 S. 1 Nr. 3 AWaffV.
[82] § 12 Abs. 1 Nr. 5, Abs. 2 Nr. 2 WaffG.

(unter 18 Jahren) nur unter den oben (siehe oben VI.1.) beschriebenen Voraussetzungen zum Zwecke des Schießens überlassen werden.

Ansonsten dürfen **Nichtberechtigten und vor allem Minderjährigen** erlaubnispflichtige Waffen und Munition **keinesfalls** auch nur vorübergehend **überlassen** werden. **Zuwiderhandlungen** sind Straftaten, die teilweise mit einer Mindestfreiheitsstrafe von 6 Monaten bedroht sind.

> <u>Praxistip:</u> Wer Nichtberechtigte als Gäste zum Schießen auf einen Schießstand mitnimmt, sollte unbedingt darauf achten, daß der Schießstand hierfür zugelassen ist und daß die Gäste eine Kurzzeitversicherung (Waffenhaftpflicht) lösen, sonst drohen im Schadensfall erhebliche Haftungsgefahren. Gleiches gilt für Jäger, die mit jagdlich nicht zugelassenen Waffen schießen wollen, denn sie gelten insoweit als Nichtberechtigte, weil ihr Bedürfnis das Schießen mit derlei Waffen nicht umfaßt und die Jagdhaftpflichtversicherung die hieraus entstehenden Risiken ggf. nicht deckt.

Es ist zulässig, Waffen privat zu verkaufen. Wer jedoch erlaubnispflichtige Schußwaffen in privaten Kleinanzeigen oder Aushängen zum Verkauf anbieten will, muß in der Anzeige oder dem Aushang den Zusatz „Abgabe nur an Inhaber einer Erwerbserlaubnis" angeben; wer erlaubnisfreie Waffen auf diese Weise anbietet, muß den Zusatz „Abgabe nur an Personen mit vollendetem 18. Lebensjahr" angeben.[83] Gleiches gilt, wenn solche Angebote in Internetportalen eingestellt werden. **Zuwiderhandlungen** sind Ordnungswidrigkeiten.

> <u>Praxistip:</u> Auch Ganoven lesen Zeitung und surfen im Internet. Es ist daher unklug, Waffen dort unter Angabe der Anschrift zu inserieren. Private Anbieter sind hierzu auch nicht verpflichtet.

5) Internethandel und –auktionen; Waffenversand

Das **Internet** und der sog. **Online-Handel** gewinnen zunehmend im Handel mit Schießsportbedarf, Waffen und Munition an Bedeutung, und kaum ein Waffenhändler kommt heute noch ohne eine Internetseite aus. Das hat den Vorteil, daß man jederzeit überall auf ein breites Warenangebot zugreifen kann und ist unbedenklich, wenn es sich um inländische, seriöse Versandhändler handelt. Allerdings gibt es in diesem Bereich auch schwarze Schafe, die Produkte anbieten, die in waffenrechtlicher Hinsicht problematisch sind (bspw. Gewehrscheinwerfer als Bausatz aus Taschenlampe und Zielfernrohrmontage). Hinzu kommt, daß das Internet international und der deutsche Markt lukrativ ist, weshalb auch ausländische Anbieter ihr Sortiment in Deutschland, mitunter mit deutschsprachigen

---

[83] § 35 Abs. 1 WaffG; Nr. 35.1 WaffVwV.

Seiten, über das Internet anbieten und in deutschen Fachzeitschriften bewerben. Dies wird dann zum Problem, wenn sich hierunter Artikel befinden, die zwar im Heimatland des Händlers erlaubnisfrei, hierzulande aber verboten (bspw. Nachtsichttechnik mit Waffenmontage) oder erlaubnispflichtig (bspw. Schalldämpfer) sind. Die Gefahr, sich hier durch unbedachte Käufe strafbar zu machen, ist groß.

Beispiel: Bei Sammlern sind unbrauchbar gemachte Kriegswaffen beliebt, die auch vom Ausland aus über das Internet in Deutschland angeboten werden. Allerdings sind die Vorgaben, wann eine solche Waffe als demilitarisierte Dekorationswaffe gilt, international uneinheitlich. Entspricht eine solche Deko-Waffe den deutschen Vorgaben nicht, gilt sie weiter als Kriegswaffe und der Erwerber macht sich wegen Verstoßes gegen das KWKG strafbar.

Ein wenig Vorsicht im Umgang mit der schönen neuen Welt des Internethandels ist daher angebracht.

Praxistip: Wer unsicher ist, ob ein bestimmter Gegenstand in Deutschland erlaubt ist oder nicht, kann sich rechtskundig beraten lassen oder einfach einen seriösen deutschen Anbieter um ein Vergleichsangebot bitten. Weigert sich dieser unter Hinweis auf die hiesige Rechtslage zu liefern, sollte von einem Kauf des Artikels Abstand genommen werden.

Neben dem gewerblichen Versandhandel bietet das Internet auch **privaten Verkäufern** die Möglichkeit, Gegenstände aller Art, auch Waffen und Munition, zum Verkauf anzubieten und hierdurch einen deutlich größeren Käuferkreis als mit einer klassischen Kleinanzeige in einer Fachzeitschrift oder Zeitung anzusprechen. Auch der **Kaufinteressent** kann so auf eine deutlich größere Zahl von privaten Angeboten zugreifen. Neben den klassischen Auktionsportalen wie bspw. Ebay und Hood gibt es auch spezielle Portale für Waffen und Munition, wie bspw. Egun. Abgesehen davon, daß auch hier gewerbliche Händler ihre Waren anbieten (siehe oben) und selbst Privatleute mitunter bedenkliche Artikel verkaufen wollen, besteht trotz aller Anstrengungen der Betreiber dieser Portale immer noch ein gewisses Restrisiko des Betruges, das dieser Handelsform eigen ist, nämlich den Kaufpreis zu bezahlen und hinterher keine Ware zu erhalten. Dem kann man als **Käufer** noch recht gut durch Prüfung des Bewertungsprofils des Verkäufers und die Wahl eines entsprechenden Zahlungsdienstes begegnen. Dennoch bleibt das Problem, daß mitunter recht hochpreisige Ware von Privat unter Ausschluß von Rückgabe- und Gewährleistungsrechten angeboten wird, deren Qualität allein aufgrund von Bildern und der Artikelbeschreibung des Verkäufers beurteilt werden muß.

Praxistip: Begriffe wie „neuwertig", „gut erhalten" oder „geringe Gebrauchsspuren" sind äußerst dehnbar, weshalb eine Rückgabe bei „Mißverständnissen" zivilrechtlich gegen Privatverkäufer oftmals kaum durchzusetzen ist. Allein anhand von Bildern kann bei Waffen bspw.

der innere Zustand des Laufes nicht beurteilt werden oder ist bei Optiken nicht zu erkennen, ob diese noch luftdicht sind. Je teurer ein Artikel ist, desto eher ist es daher angezeigt, zu dem Verkäufer zu fahren und die Ware vor dem Kauf anzusehen. Die Fahrtkosten sind gut investiert, denn wenn der Artikel hinterher den Erwartungen nicht entspricht und nicht zurückgegeben werden kann, ist der so entstandene finanzielle Verlust erheblich größer.

Für private **Verkäufer** besteht hier zwar das Betrugsrisiko nicht in demselben Maße, weil die Fälle, in denen insbesondere Internetauktionen gezielt von Bietern manipuliert werden, um besonders günstig kaufen zu können, eher selten sind. Wohl aber besteht das Problem, bei Waffen und Munition die Erwerbsberechtigung des Käufers pflichtgemäß zu prüfen, weil erlaubnispflichtige Waffen und Munition nur Berechtigten überlassen werden dürfen.[84] Auf der sicheren Seite ist hier nur, wer sich vom Käufer vor Versendung der Ware mindestens eine amtlich beglaubigte Fotokopie von WBK oder Jagdschein zusenden läßt oder auf Selbstabholung gegen Vorlage dieser Dokumente im Original besteht.

Praxistip: Einfache Fotokopien reichen nicht aus, weil sie manipuliert werden können. Amtlich beglaubigte Fotokopien sollten vorsichtshalber erst akzeptiert werden, wenn die ausstellende Behörde auf Nachfrage bestätigt hat, daß sie echt sind und, namentlich bei Kurzwaffen, Repetierflinten und Selbstladegewehren, daß eine Erwerbserlaubnis vorliegt. **Gewerbliche Waffenhändler** müssen sich immer die WBK im Original zusenden lassen, weil sie verpflichtet sind, erworbene Waffen darin unverzüglich einzutragen.[85] An **Private** sollten Originaldokumente wegen des Verlustrisikos nicht übersandt werden.

Achtung: Die Prüfungspflicht erstreckt sich nicht nur darauf, ob der Käufer überhaupt eine waffenrechtliche Erlaubnis hat, sondern auch darauf, ob er die konkrete Waffe erwerben darf. Sportschützen dürfen keine vom sportlichen Schießen ausgeschlossenen Waffen überlassen werden (z.B. Revolver mit 2-Zoll-Lauf), Jägern keine nach dem BJagdG unzulässigen Waffen (z.B. Selbstladegewehre mit 5-Schuß-Magazin).[86]

Der **Versand** von Waffen und Munition durch gewerbliche Beförderungsunternehmer wie die Post oder andere Paketdienstleister ist zulässig, wenn der Empfänger der Sendung zum Erwerb berechtigt ist.[87] Allerdings muß sichergestellt werden, daß die Sendung nur an den berechtigten Empfänger ausgehändigt wird und auf dem Postwege nicht verlorengehen kann. Der Verkäufer muß also eine

---

[84] § 34 Abs. 1 WaffG; Nr. 34.1 WaffVwV.
[85] § 34 Abs. 2 S. 1 WaffG.
[86] Nr. 34.1 WaffVwV.
[87] § 12 Abs. 1 Nr. 2, § 34 Abs. 1 S. 3 WaffG.

Versandart wählen, bei der das Versandunternehmen die Identität des Käufers vor Aushändigung des Pakets prüft. Dies kann geschehen, indem die Versandart „eigenhändige Übergabe" gewählt wird, wie sie einige Versandunternehmen anbieten. Um die Sendung vor Abhandenkommen oder Verlust zu schützen, darf die Verpackung keinen Hinweis auf den Inhalt aufweisen und muß so beschaffen sein, daß sie sich nicht versehentlich öffnen kann. Außerdem sollte sie mit einem Etikett oder Klebeband so versiegelt werden, daß unbefugtes Öffnen erkennbar wird, und es muß ein Versandunternehmen sowie eine Versandart gewählt werden, die eine jederzeitige Rückverfolgbarkeit der Sendung gewährleisten.[88]

> **Praxistip:** Wird bspw. bei der Deutschen Post AG (DHL) die Versandart „Express Paket" mit der Option „Eigenhändig" gewählt, kostet dies zwar einen Aufpreis, jedoch wird das Paket nur an den Empfänger persönlich übergeben. Außerdem kann zusätzlich eine Transportversicherung abgeschlossen werden. Eine Rückverfolgung ist anhand der Sendungsnummer online möglich. Auch andere Versandunternehmen bieten ähnliche Dienstleistungen an. Hier sollte aus Sicherheitsgründen nicht am Porto gespart werden. Generell **unzulässig** ist der Versand an DHL-Packstationen, weil hier eine Legitimationsprüfung desjenigen, der die Sendung schlußendlich abholt, nicht möglich ist.

Jedoch ist kein Versandunternehmen verpflichtet, Waffen und Munition zu befördern. Es ist daher zuvor zu klären, ob der Versand solcher Artikel mit dem gewählten Unternehmen überhaupt möglich ist. Zweckmäßigerweise geschieht dies nicht in derselben Filiale, in der gleichzeitig oder kurz danach das Paket aufgegeben wird, damit nicht Unbefugte von dessen Inhalt Kenntnis erlangen. Hier bieten sich die Internetseiten oder Servicerufnummern der Unternehmen als Informationsquelle an.

Achtung: Auch beim Versand erlaubnisfreier Waffen und Munition muß sichergestellt sein, daß der Empfänger volljährig ist (sonst darf er derlei Gegenstände nicht erwerben), daß die Sendung nur an diesen ausgehändigt wird und das sie vor Verlust geschützt ist. Dies gilt auch für Messer, wenn diese Hieb- und Stoßwaffen sind (siehe unten X.).

6)   Wechselsysteme und –trommeln, Einsteckläufe, Reduziersätze und Schalldämpfer

Wechselsysteme (= Wechselläufe und –verschlüsse) **und Wechseltrommeln** im gleichen oder geringeren Kaliber darf der Inhaber einer WBK für eine bereits eingetragene (Lang- oder Kurz-)Waffe erlaubnisfrei, im größeren Kaliber gegen

---

[88] § 12 Abs. 1 Nr. 2 WaffG; Nr. 12.1.2 WaffVwV.

Erwerbserlaubnis, erwerben. Sie sind **binnen zwei Wochen anzumelden und einzutragen.**[89]

Einsteckläufe und Reduziersätze (z.B. Fangschußgeber) darf der Inhaber einer WBK für eine bereits eingetragene (Lang- oder Kurz-)Waffe erlaubnisfrei erwerben, eine **Anmelde- und Eintragungspflicht besteht nicht.** Soweit diese Kaliber haben, für die keine anderweitige Munitionserwerbserlaubnis vorliegt, ist jedoch die Eintragung empfehlenswert, da ansonsten keine Munition erworben werden kann.[90]

Achtung: Wechselsysteme und –trommeln, Einsteckläufe und Reduziersätze bestehen aus wesentlichen Teilen von Schußwaffen und sind diesen waffenrechtlich gleichgestellt. Sie unterliegen daher denselben Aufbewahrungspflichten wie die Waffen, für die sie bestimmt sind.

Auch **Schalldämpfer** sind den Schußwaffen gleichgestellt, für die sie bestimmt sind.[91] Zum Umgang mit, insbesondere dem Erwerb und Besitz von **Schalldämpfern für erlaubnispflichtige Schußwaffen** bedarf es daher ebenfalls der Erlaubnis, die dem Sportschützen jedoch mangels Bedürfnisses nicht erteilt wird.[92] **Schalldämpfer für Gas- und Schreckschußwaffen** sind dagegen wie diese erlaubnisfrei verkäuflich.

Achtung: Schalldämpfer für erlaubnispflichtige Waffen sind z.T. im Ausland frei verkäuflich und werden von dort aus über das Internet oder Zeitschriftenannoncen mit abenteuerlichen Produktbeschreibungen und irreführenden Darstellungen der hiesigen Rechtslage, teils auch als Bausatz, angeboten. Schalldämpfergewehre, insbesondere im Kaliber .22 lfb, sind auch in Deutschland erhältlich und werden in manchen Bundesländern von Personen verwandt, die bspw. mit besonderer Genehmigung auf Friedhöfen Kaninchen und Füchse bejagen. Derartige Gegenstände dürfen von Sportschützen nicht, auch nicht vorübergehend, erworben werden. **Zuwiderhandlungen** sind strafbar.

7)   Fund und Verlust von erlaubnispflichtigen Waffen oder Erlaubnisurkunden

Wer erlaubnispflichtige Waffen oder Munition findet oder verliert, hat dies der Waffenbehörde **unverzüglich** anzuzeigen, und, im Falle des Verlustes von Waffen, die WBK zur Berichtigung vorzulegen. Darüber, ob Fundwaffen abzuliefern

---

[89] Anlage 2 Abschnitt 2 Unterabschnitt 2 Nr. 2 WaffG.
[90] Anlage 2 Abschnitt 2 Unterabschnitt 2 Nr. 2 a WaffG; Anlage 2 Abschnitt 2 Unterabschnitt 2 Nr. 2 WaffVwV.
[91] Anlage 1 Abschnitt 1 Unterabschnitt 1 Nr. 1.3 WaffG.
[92] Nr. 8.1.6 WaffVwV.

sind, entscheiden sodann Polizei oder Waffenbehörde. Geraten Erlaubnisurkunden, z.b. die WBK, in Verlust, ist dies ebenfalls **unverzüglich** anzuzeigen.[93]

Praxistip: Es ist ratsam und sinnvoll, eine Ablichtung der WBK zu fertigen
und diese gesondert zu verwahren, um im Verlustfalle das Vorhandensein
einer solchen nachweisen und – bei Diebstahl – der Polizei Waffenbezeich-
nungen und –nummern zeitnah zur Verfügung stellen zu können, um eine
schnelle Fahndungsausschreibung zu ermöglichen.

8) Erbwaffen

Erlaubnispflichtige Schußwaffen können vererbt und vermacht werden. Wer als
Erbe oder Vermächtnisnehmer solche Waffen in Besitz nimmt, muß dies unverzüglich bei der zuständigen Behörde anzeigen[94] und binnen Monatsfrist die Aus-
stellung einer sog. Erben-WBK beantragen, die auch dann erteilt wird, wenn es
an einem Bedürfnis und der Sachkunde fehlt. Fehlt es am Bedürfnis und ist der
Erbe nicht bereits anderweit berechtigter Waffenbesitzer, kann die Behörde an-
ordnen, daß die Waffen durch ein anerkanntes Blockiersystem gesichert werden
und Munition unbrauchbar gemacht oder einem Berechtigten überlassen und dies
nachgewiesen wird.[95]Derartige anerkannte Blockiersysteme sind inzwischen auf
dem Markt und kosten – ohne Einbau und Eintragung – ab etwa 100,-- € pro
Waffe bzw. pro Lauf.

Achtung: Auch nach Einbau eines Blockiersystem bleibt die Waffe erlaubnispflichtig und unterliegt den gesetzlichen Aufbewahrungspflichten.

9) Luftdruck-, Federdruck- und CO^2 – Waffen; Softair-Waffen

Personen über 18 Jahre dürfen **Luftdruck-, Federdruck- und CO^2 – Waffen
erlaubnisfrei** erwerben und besitzen, wenn diese Waffen **entweder** eine Mündungsenergie von nicht mehr als 7,5 J und das „F"-Zeichen (F im Fünfeck) aufweisen **oder** vor dem 01.01.1970 im Gebiet der Alt-Bundesländer **bzw.** vor dem
02.04. 1991 im Gebiet der ehemaligen DDR hergestellt und legal in den Handel
gebracht worden sind.[96] **Ist dies nicht der Fall, sind auch diese Waffen WBK-
pflichtig.** Dies gilt insbesondere, wenn das Prüfzeichen, z.B. bei Auslandswaf-
fen, fehlt oder die Geschoßenergie durch nachträgliche Änderungen (z.B. durch
Einbau einer stärkeren Feder) über 7,5 J gesteigert worden ist. Die zugehörigen

---

[93] § 37 Abs. 1 & Abs. 2 WaffG.
[94] § 37 Abs. 1 WaffG.
[95] § 20 WaffG; Nr. 20 WaffVwV; Technische Richtlinie - Blockiersysteme für Erbwaffen.
[96] Anlage 2 Abschnitt 2 Unterabschnitt 2 Nr. 1.1 & Nr. 1.2 WaffG.

Geschosse (Diabolos, Rundkugeln, Bolzen etc.) sind keine Munition im Sinne des Gesetzes und daher frei verkäuflich an jedermann.

Zum **Führen** dieser Waffen, auch der erlaubnisfreien, ist ein **Waffenschein** erforderlich. Ein kleiner Waffenschein reicht nicht aus. Sie sind insoweit den scharfen Waffen gleichgestellt und dürfen nur unter denselben Voraussetzungen wie diese geführt und befördert werden. Diese **Waffenscheinpflicht gilt auch für Sportschützen**, die im Besitz einer WBK sind. **Zuwiderhandlungen** sind Straftaten.

Das **Schießen** mit derlei Waffen ist außer auf Schießständen auch im befriedeten Besitztum durch den Inhaber des Hausrechts oder mit dessen Zustimmung zulässig, wenn die **Waffe erlaubnisfrei** und sichergestellt ist, daß die Geschosse das Grundstück nicht verlassen können,[97] also bspw. im Keller oder in der Garage geschossen wird. **Zuwiderhandlungen** sind Ordnungswidrigkeiten.

Softair-Waffen sind Luft- oder Federdruckwaffen, deren Geschoßenergie unter 0,5 J liegt. Sie gelten als Spielzeug und sind vom WaffG ausgenommen. Sie dürfen von jedermann erworben, besessen und geschossen werden. Derlei Gegenstände an Personen unter 14 Jahren nicht zu verkaufen, ist eine freiwillige Selbstbeschränkung des Handels und keine Vorgabe des Gesetzes. Jedoch ist es verboten, diese Waffen zu führen.[98] **Zuwiderhandlungen** sind Ordnungswidrigkeiten.[99]

10) Vorderladerwaffen

Personen über 18 Jahre dürfen **einläufige Einzelladerwaffen mit Zündhütchenzündung (Perkussionswaffen) und alle Schußwaffen mit Lunten- oder Funkenzündung (insbesondere Steinschloßwaffen)**, umgangssprachlich auch als Vorderladerwaffen bezeichnet, **erlaubnisfrei** erwerben und besitzen, wenn deren Modell vor dem 01.01.1871 entwickelt worden ist.[100] Hierzu gehören auch sog. Papierpatronen-Hinterlader mit Perkussionszündung. **Mehrläufige oder mehrschüssige Perkussionswaffen**, bspw. Perkussionsrevolver, sind **WBK-pflichtig**. Die zugehörigen Geschosse sind frei verkäuflich an jedermann, die erforderlichen Zündhütchen nur an Personen ab 18 Jahre. Zum Erwerb des benötigten Schwarzpulvers ist eine Erlaubnis nach § 27 SprengG erforderlich.

Zum **Führen von allen Perkussionswaffen** ist ein **Waffenschein** erforderlich. Ein kleiner Waffenschein reicht nicht aus. Sie sind insoweit den scharfen Waffen

---

[97] § 12 Abs. 4 S. 2 Nr. 1 a WaffG.
[98] Anlage 2 Abschnitt 3 Unterabschnitt 2 Nr. 1, § 42 a Abs. 1 Nr. 1 WaffG.
[99] § 53 Abs. 1 Nr. 21 a WaffG.
[100] Anlage 2 Abschnitt 2 Unterabschnitt 2 Nr. 1.7 & Nr. 1.8 WaffG.

gleichgestellt und dürfen nur unter denselben Voraussetzungen wie diese geführt und befördert werden. Diese **Waffenscheinpflicht gilt auch für Sportschützen**, die im Besitz einer WBK sind. **Zuwiderhandlungen** sind Straftaten.

Das **Führen von Schußwaffen mit Lunten- oder Funkenzündung** ist erlaubnisfrei zulässig.[101]

Das **Schießen** mit derlei Waffen ist nur auf Schießständen zulässig. **Zuwiderhandlungen** sind Ordnungswidrigkeiten.

Hinsichtlich des **Salut- und Böllerschießens** gilt dasselbe wie bei erlaubnispflichtigen Waffen, siehe oben VII.2.

11) Gas- und Schreckschußwaffen

Personen über 18 Jahre dürfen diese Waffen nebst der zugehörigen Munition **erlaubnisfrei** erwerben und besitzen, sofern diese Waffen das „PTB"-Zeichen[102] (PTB und Nummer im Kreis) aufweisen.

Zum **Führen** dieser Waffen ist allerdings ein sog. **„kleiner Waffenschein"** erforderlich, der bei gegebener Zuverlässigkeit des Antragstellers ohne Sachkunde-, Bedürfnis- und Haftpflichtversicherungsnachweis erteilt wird.[103] Sie sind insoweit den scharfen Waffen gleichgestellt und dürfen nur unter denselben Voraussetzungen wie diese geführt und befördert werden. Diese **Waffenscheinpflicht gilt auch für Sportschützen**, die im Besitz einer WBK sind. **Zuwiderhandlungen** sind Straftaten.

Das **Schießen** mit derlei Waffen ist außer auf Schießständen auch im befriedeten Besitztum durch den Inhaber des Hausrechts oder mit dessen Zustimmung,[104] nicht aber auf der Straße, bspw. zu Silvester, zulässig. **Zuwiderhandlungen** sind Ordnungswidrigkeiten.

Achtung: Waffen ohne „PTB"-Zeichen, etwa aus Altbesitz oder aus dem Ausland, sind in Deutschland WBK-pflichtig.

---

[101] Anlage 2 Abschnitt 2 Unterabschnitt 2 Nr. 3.1 WaffG.
[102] Prüfzeichen der Physikalisch-Technischen Bundesanstalt.
[103] § 4 Abs. 1 Nr. 3 – Nr. 5; Anlage 2 Abschnitt 2 Unterabschnitt 2 Nr. 1.3; Anlage 2 Abschnitt 2 Unterabschnitt 3 Nr. 2 WaffG.
[104] § 12 Abs. 4 S. 2 Nr. 1 b WaffG.

12)   Zuständige Waffenbehörden

In der Regel sind die Waffenbehörden bei den **Ordnungsämtern** der Landkreise, der Landratsämter oder der kreisfreien Städte angesiedelt, mitunter auch bei den **Polizeibehörden**. Diese Zuständigkeiten zu regeln ist Sache der Bundesländer. Sie können daher in den einzelnen Ländern unterschiedlich sein.

In **Sachsen-Anhalt** sind **Waffenbehörden** die Ordnungsämter der Landkreise und der kreisfreien Stadt Dessau-Roßlau. In den kreisfreien Städten Halle und Magdeburg sind dies die jeweiligen Polizeidirektionen.

Örtlich zuständig sind jeweils die Behörden am Hauptwohnsitz des Waffenbesitzers, soweit es die waffenrechtlichen Erlaubnisse betrifft.

13)   Ausweispflichten

Der Sportschütze muß, wenn er Waffen befördert, seinen Personalausweis und seine WBK mit sich führen und Polizeibeamten und zur Personenkontrolle Berechtigten auf Verlangen zur Prüfung aushändigen. Handelt es sich um eine entliehene Waffe, muß ein entsprechender Leihschein (siehe oben VII.1.), bei einer gerade erworbenen und noch nicht eingetragenen Waffe ein Beleg über den Zeitpunkt des Erwerbes (Kaufvertrag oder Übergabeprotokoll) mitgeführt werden.[105] **Zuwiderhandlungen** sind Ordnungswidrigkeiten.[106]

---

[105] § 38 WaffG.
[106] § 53 Abs. 1 Nr. 20 WaffG.

VIII. Aufbewahrung von Waffen und Munition

Das Waffengesetz schreibt vor, daß Waffen und Munition getrennt voneinander und geschützt vor dem unbefugten Zugriff Dritter aufzubewahren sind. **Dies gilt unabhängig davon, ob es sich um erlaubnispflichtige oder erlaubnisfreie Gegenstände handelt.**

1) Erlaubnispflichtige Schußwaffen

Grundsätzlich muß die Aufbewahrung in einem Behältnis der **Sicherheitsstufe 0** (Norm DIN/EN 1143-1, Stand Mai 1997) erfolgen.[107] In einem derartigen Behältnis dürfen **Waffen und zugehörige Munition zusammen** aufbewahrt werden.[108] Derartigen Behältnissen sind solche mit geringerer Sicherheitsstufe unter bestimmten Voraussetzungen gleichgestellt.

Ein Behältnis der **Sicherheitsstufe B** (VDMA 24992, Stand Mai 1995) gilt als gleichwertig,[109] allerdings ist hier die gemeinsame Aufbewahrung von **Waffen und zugehöriger Munition unzulässig.** Zulässig ist jedoch die Aufbewahrung der zugehörigen Munition in einem separaten, verschließbaren Innenfach ohne Klassifizierung.[110] Allerdings muß das Innenfach dann auch tatsächlich verschlossen und der Schlüssel außerhalb des Schrankes verwahrt werden.

Achtung: In einem Behältnis der Sicherheitsstufen 0 oder B dürfen **maximal zehn Kurzwaffen** aufbewahrt werden, wenn der Schrank mindestens 200 Kilogramm wiegt oder seine Verankerung gegen Abriß einem vergleichbaren Gewicht entspricht. **Anderenfalls ist die Zahl der Kurzwaffen je Schrank auf maximal fünf begrenzt.**[111]

Ein Behältnis der **Sicherheitsstufe A** (VDMA 24992, Stand Mai 1995) gilt als gleichwertig, sofern in diesem Schrank **ausschließlich und nicht mehr als zehn Langwaffen** aufbewahrt werden.[112] Auch hier ist die gemeinsame Aufbewahrung von Waffen und **zugehöriger** Munition unzulässig. Zulässig ist jedoch auch hier die Aufbewahrung der zugehörigen Munition in einem separaten, ver-

---

[107] § 36 Abs. 2 S. 1 WaffG.
[108] § 36 Abs. 1 S. 2 WaffG.
[109] § 36 Abs. 2 S. 1 WaffG.
[110] § 13 Abs. 4 S. 2 AWaffV.
[111] § 13 Abs. 1 AWaffV.
[112] § 36 Abs. 2 S. 2 WaffG.

schließbaren Innenfach ohne Klassifizierung,[113] sofern dies tatsächlich verschlossen ist und der Schlüssel außerhalb des Schrankes verwahrt wird.

In einem Behältnis der **Sicherheitsstufe A mit Innenfach der Sicherheitsstufe B (sog. „Jägerschrank")** darf wie folgt aufbewahrt werden:

- **Im Hauptfach (A)** bis zu zehn Langwaffen **ohne** die zugehörige Munition (siehe oben).
- **Im Innenfach (B)** bis zu fünf Kurzwaffen **mit** zugehöriger Munition **und** die Munition für die Langwaffen.[114]

Achtung: Werden die vorgenannten Waffenzahlen überschritten, ist entweder eine Mehrzahl der entsprechenden Behältnisse oder ein Behältnis der nächsthöheren Sicherheitsstufe erforderlich.[115]

Waffen und nicht zu diesen gehörige Munition dürfen in dem für die Waffen erforderlichen Behältnis in jedem Fall zusammen aufbewahrt werden.

Mehrere Berechtigte, die in häuslicher Gemeinschaft leben, dürfen Waffen und Munition gemeinschaftlich aufbewahren,[116] wobei die WaffVwV hier zwei praxisrelevante Klarstellungen enthält: Nicht nur nahe Familienangehörige oder Lebensgefährten, die gemeinsam ein Haus oder eine Wohnung bewohnen, sind erfaßt, sondern auch Studenten, Wehrpflichtige (die es nicht mehr gibt), Wochenendheimfahrer sowie nahe Angehörige, die das Familienheim in gewissen Abständen aufsuchen, sofern sie eine jederzeitige Zutrittsmöglichkeit besitzen. Praktisch bedeutet dies, daß solche Personen mindestens über einen Haus- bzw. Wohnungs- sowie einen Waffenschrankschlüssel verfügen und damit die tatsächliche Zugriffsmöglichkeit auf ihre Waffen haben müssen. Wer auswärts studiert oder arbeitet, muß also seine Waffen nicht mitnehmen, sondern kann sie im heimischen Waffenschrank belassen. Nimmt er sie jedoch mit, braucht er auch am Studien- bzw. Arbeitsort einen entsprechenden Waffenschrank. Daneben ist klargestellt, daß eine gemeinschaftliche Aufbewahrung nur statthaft ist, wenn **alle Berechtigten das gleiche Erlaubnisniveau** haben. Alle, die auf den Waffenschrank zugreifen können, müssen über eine waffenrechtliche Erlaubnis verfügen, die zumindest zum vorübergehenden Umgang mit allen darin befindlichen Waffen berechtigt. Befinden sich im Schrank neben Lang- auch Kurzwaffen, müssen alle Nutzer des Schrankes eine WBK haben, ein gültiger Jagdschein reicht nicht aus.[117]

---

[113] § 13 Abs. 4 S. 2 AWaffV.
[114] § 13 Abs. 4 AWaffV.
[115] § 13 Abs. 1 S. 2, Abs. 2 AWaffV.
[116] § 13 Abs. 10 AWaffV.
[117] Nr. 36.2.14 WaffVwV.

Praxistip: Wenn ein Mitglied der häuslichen Gemeinschaft, bspw. der Sohn, der über einen Jahresjagdschein verfügt, mit den vorhandenen Sportwaffen des Vaters umgehen und Zugriff auf dessen Waffenschrank haben soll, in dem sich Lang- und Kurzwaffen befinden, müßten die Kurzwaffen entweder ausgelagert oder dem Sohn die „Schlüsselgewalt" versagt werden. Hier kann es sich für den Sohn anbieten, die Erteilung einer WBK zu beantragen. Dies ist auch möglich, wenn keine Waffe eingetragen wird. Auch eine derartige „Blanko"-WBK berechtigt zum Umgang mit Kurzwaffen nebst zugehöriger Munition. In jedem Fall muß jedoch für die Waffen, die der Sohn führen will, jeweils ein auf längstens auf einen Monat befristeter Leihschein (siehe oben VII.1) ausgestellt werden. Ein „Dauerleihschein" ist gesetzlich nicht vorgesehen.

Bei gemeinschaftlicher Aufbewahrung sollten zumindest Kopien der jeweiligen WBK's in Reichweite, am besten im Schrank, vorhanden sein, damit bei Waffenschrankkontrollen die Herkunft aller Waffen auch dann belegt werden kann, wenn nur einer der Waffenbesitzer anwesend ist.

Im Übrigen ist die Aufbewahrung durch einen entsprechend Berechtigten für Dritte **nur vorübergehend** für längstens einen Monat zulässig.[118]

Die Schlüssel, insbesondere auch die Zweitschlüssel, müssen so verwahrt werden, daß Nichtberechtigte nicht auf sie zugreifen können. Ansonsten läuft die Schutzfunktion des Waffenschranks ins Leere. Deshalb steht auch das Überlassen des Schlüssels dem Überlassen der Waffen gleich.[119] Die Schlüssel muß der Berechtigte daher stets „am Mann" haben. Es ist nach einhelliger Rechtsauffassung, insbesondere der Gerichte, unzulässig, die Schlüssel zu verstecken oder gar an einem frei zugänglichen Schlüsselbrett zu verwahren. Die gegenteilige Meinung, nach der insbesondere das Verstecken zulässig sein soll, ist zwar nach wie vor verbreitet und an Stammtischen oft zu hören, aber schlicht falsch.

Praxistip: Die Sicherheitsstufe des Waffenschrankes steht und fällt mit dem Schlüssel. Hat ein Unbefugter den Schlüssel erst in der Hand, bietet der Waffenschrank keinen besseren Schutz mehr als ein einfacher Kleiderschrank aus Sperrholz. Wer daher einen separaten Schlüsseltresor mit Zahlenschloß verwenden möchte, um die oftmals sperrigen Tresorschlüssel nicht ständig mitführen zu müssen, muß deshalb einen solchen wählen, der dieselbe Sicherheitsstufe wie der Waffenschrank hat und ggf. auch entsprechend verankert ist. Wer statt dessen eine einfache Stahlblechkassette verwendet, die leicht aufzuhebeln ist, hat im Ergebnis auch nur noch einen einfachen Stahlblech-Waffenschrank ohne Zertifizierung. Auch das ist inzwischen einhellige Rechtsauffassung.

---

[118] § 12 Abs. 1 Nr. 1 WaffG.
[119] Anlage 1 Abschnitt 2 Nr. 3 WaffVwV.

Daraus folgt:

➢ **Kurzwaffen** gehören mindestens in einen B-Schrank, **Langwaffen** in einen A-Schrank und die zugehörige **Munition** in ein separat verschließbares Innenfach.

➢ **Waffen und zugehörige Munition** dürfen nur in einem 0- oder I-Schrank oder im B-Innenfach eines A-Schranks zusammen aufbewahrt werden.

➢ **Zahlenmäßige Begrenzungen** sind zu beachten. **Schlüssel** sind sorgfältig zu verwahren.

➢ Die sog. „**Überkreuz-Verwahrung**" in zwei oder mehr Schränken ist zulässig (Langwaffen mit Kurzwaffenmunition im großen A-Schrank; Kurzwaffen und Langwaffenmunition in einem kleinen B-Schrank).

<u>**Praxistip:**</u> Welche **Sicherheitsstufe** beim Kauf eines Schrankes gewählt wird, hängt von den individuellen Bedürfnissen, dem eigenen Geldbeutel und dem Wert der Waffen ab. Die preiswerteste Lösung ist die „Überkreuzverwahrung", weil ein einfacher A-Schrank und ein kleiner Möbeltresor der Stufe B in Baumärkten preisgünstig zu haben sind und zusammen meist weniger kosten als andere Varianten. Für denjenigen, der keine zwei Schränke aufstellen will, ist in der Regel ein „Jägerschrank" die beste Wahl. Wer keine Kurzwaffen hat und sicher weiß, daß er sich auch nie welche anschaffen wird, ist mit einem A-Schrank vollkommen ausreichend bedient. Schränke höherer Sicherheitsstufen als A oder B sind deutlich teurer, vor allem aber beträchtlich schwerer. Sie anzuschaffen kann für den Sportschützen sinnvoll sein, der häufig für längere Zeit ortsabwesend ist (z.B. wegen Montagetätigkeit), oder der besonders wertvolle Waffen besitzt.
Die **Größe** des Schrankes sollte so gewählt werden, daß er nicht nur die Erstausstattung aufnehmen kann, weil zumeist im Laufe der Zeit weitere Waffen hinzukommen und auch andere wertintensive Gegenstände darin aufbewahrt werden. Ein Schrank für fünf bis sieben Langwaffen wird meist ausreichen. Abzuraten ist von billigen Baumarktschränken, in denen die Waffen in zwei Reihen versetzt hintereinander stehen. Dies ist unpraktisch, Waffen mit großen Zielfernrohren können nicht vernünftig eingestellt werden und die Waffen, besonders die Schäfte, nehmen Schaden, wenn sie aneinandergedrückt stehen.
Das **Innenfach** muß groß genug sein, um auch hinreichend Munition unterbringen zu können. Insbesondere Schrotpatronen nehmen viel Platz weg, wenn sie in größerer Menge vorgehalten werden sollen.
Ein **Zahlenkombinationsschloß** (elektronisch oder manuell) kostet zwar einen Aufpreis, ist aber eine sinnvolle Investition, weil sich hier

das Problem unhandlicher Tresorschlüssel und der sicheren Verwahrung insbesondere der **Zweitschlüssel** nicht stellt. Denn Letztere im Haus oder in der Wohnung zu verstecken, ist nicht angezeigt. Wer lange genug sucht (z.b. Kinder), wird sie auch finden. Sinnvoller ist es, die Zweitschlüssel durch einen anderen Berechtigten, bspw. einen anderen Schützen, in dessen Waffenschrank aufbewahren zu lassen.

Achtung: Seit der Änderung im Jahr 2009 enthält das WaffG eine Verordnungsermächtigung, wonach das Bundesinnenministerium mit Zustimmung des Bundesrates zusätzliche Anforderungen an die Aufbewahrung oder die Sicherung von Waffen festlegen kann.[120] Hiernach wäre es insbesondere möglich, **mechanische, technische oder biometrische Sicherungen** an den Waffen selber vorzuschreiben. Eine solche Verordnung existiert bislang nicht, jedoch bleibt hier die weitere Entwicklung abzuwarten und sollte aufmerksam beobachtet werden.

2) Schießstände, Waffenkammern und Wettkampfreisen

In **nicht dauernd bewohnten Gebäuden** (z.b. auf Schießständen oder in Ferienwohnungen) dürfen maximal drei Langwaffen aufbewahrt werden, Kurzwaffen gar nicht. Vorgeschrieben ist allerdings ein **Behältnis der Sicherheitsstufe 1 (DIN/EN 1143-1)**.[121] Nicht dauernd bewohnte Gebäude sind nur solche Gebäude, die von vornherein nur zur vorübergehenden Nutzung bestimmt sind wie bspw. **Jagdhütten, Wochenend- oder Ferienhäuser oder -wohnungen**, nicht aber Gebäude, in denen sich der Bewohner nur zeitweise nicht aufhält, weil er Geschäfts- oder Urlaubsreisen unternimmt oder Besorgungen erledigt. Auch die Wohnungen von Berufspendlern, die sich jeweils nur zeitweise am Wohn- und Arbeitsort aufhalten, sind demnach ständig bewohnte Wohnungen bzw. Gebäude, in denen Waffen und Munition nach den allgemeinen Regeln aufbewahrt werden dürfen.[122]

Ausnahmen von diesen Aufbewahrungsvorschriften für **Waffenkammern auf Schießständen oder in Privathaushalten** sind rechtlich möglich.[123] Jedoch wird die Waffenbehörde in aller Regel die Vorlage eines Sachverständigengutachtens zur Frage der Aufbewahrungssicherheit verlangen, weil derartige Ausnahmen Einzelfallentscheidungen sind, für die es keine allgemeinen Richtlinien gibt. Deshalb ist es ratsam, vor der Planung eines solchen Vorhabens mit der zuständigen Waffenbehörde Kontakt aufzunehmen und die Vorgaben im Einzelfall abzustimmen.

---

[120] § 36 Abs. 5 WaffG.
[121] § 13 Abs. 5 AWaffV.
[122] Nr. 36.2.9 WaffVwV.
[123] § 36 Abs. 2 S. 3 WaffG; § 13 Abs. 5 & Abs. 6, § 14 AWaffV.

Vorübergehende Aufbewahrung außerhalb der Wohnung (z.B. auf **Wettkampf-reisen**) und außerhalb der eigentlich vorgeschriebenen Behältnisse ist zulässig, wenn die Aufbewahrung in diesen nicht möglich ist und unter angemessener Aufsicht oder Sicherung durch sonstige erforderliche Vorkehrungen erfolgt, wobei in diesen Fällen Waffen und Munition auf jeden Fall getrennt aufbewahrt werden müssen. [124]

> **Praxistip:** Der PKW ist auf Wettkampfreisen, insbesondere während der Übernachtung, niemals ein geeigneter Aufbewahrungsort, weil er nicht ständig beaufsichtigt werden kann. Diese Art der Aufbewahrung ist daher auch unzulässig. Stattdessen sollten Waffen in einem stabilen und verschlossenen Waffenkoffer, der – wenn er nicht in einem Schrank eingeschlossen wird - ggf. auch mittels eines Kabelschlosses an einen festen Gegenstand, bspw. einen Heizkörper, angeschlossen werden kann, im verschlossenen Hotelzimmer verwahrt werden. Eine zusätzliche Sicherung der Waffe mittels eines Abzugs- oder Kammerschlosses kann sinnvoll sein, des Gleichen die Entnahme und getrennte Verwahrung funktionswichtiger Teile (Verschluß, Vorderschaft etc).[125] Ist im Hotelzimmer ein Safe vorhanden, kann auch dieser genutzt werden, um ggf. Kurzwaffen (ohne Munition), Langwaffenmunition und funktionswichtige Teile zu verwahren, sofern nicht die Langwaffe selber (dann aber ohne Munition) hineinpaßt. Soweit die WaffVwV die Nutzung des Hotelsafes vorschlägt, ist hiervon abzuraten, weil auf diesen auch Hotelangestellte und damit Nichtberechtigte Zugriff haben.

3) Munition

Erlaubnispflichtige Munition muß – sofern sie nicht wie oben beschrieben mit in den Waffenschränken verwahrt wird – in **Stahlblechbehältnissen mit Schwenkriegelschloß oder vergleichbarem Verschluß** aufbewahrt werden. Eine Klassifizierung des Behältnisses ist nicht erforderlich.[126]

> **Praxistip:** Diese Anforderungen erfüllt fast jeder preiswerte Blech-Werkzeugschrank aus dem Baumarkt.

4) DDR- und EU-Waffenschränke

Die Vorschriftsmäßigkeit eines Waffenschrankes bemißt sich **nach seiner Zertifizierung und nicht nach seiner objektiven (Material-) Beschaffenheit.** Die

---

[124] § 13 Abs. 11 AWaffV; Nr. 12.3.3.2 WaffVwV.
[125] So jetzt auch Nr. 12.3.3.2, Nr. 36.2.15 WaffVwV.
[126] § 13 Abs. 3 AWaffV.

Waffenbehörde kann zwar Ausnahmen zulassen und bestimmte Aufbewahrungs-
arten als gleichwertig anerkennen.[127] Bei Sportwaffen wird dies allerdings regelmäßig den Nachweis voraussetzen, daß das Waffenbehältnis dem Wider-
standsgrad eines genormten Schrankes der entsprechenden Stufe entspricht.
Dieser Nachweis, der vom Waffenbesitzer zu führen ist, wird nur mittels eines
Gutachtens oder der nachträglichen Zertifizierung des Schrankes zu erbringen
sein. Die hierbei entstehenden Kosten dürften im Regelfall den Anschaffungs-
preis eines genormten Schrankes erreichen, wenn nicht gar übersteigen.

Ausnahmslos alle in der DDR hergestellten Waffenbehältnisse, auch die sog.
Jagdleiterschränke, entsprechen den Vorschriften nicht und werden nicht anerkannt, können aber als reine Munitionsschränke weiter genutzt werden.

Den vorgeschriebenen Normen **gleichwertige Waffenbehältnisse aus EU-
Staaten** werden anerkannt.[128] In Zweifelsfällen kann die Behörde aber die Vorlage eines Gutachtens vom Waffenbesitzer auf dessen Kosten verlangen.[129] Dieses Kostenrisiko sollte bei der Anschaffung eines derartigen Schrankes einkalku-
liert werden.

5)   Erlaubnisfreie Waffen

Erlaubnisfreie Waffen (bspw. Luftgewehre und –pistolen, Vorderlader, Gas-
und Schreckschußwaffen, aber auch Messer) **und Munition** müssen so aufbewahrt werden, daß sie vor Abhandenkommen und dem unbefugten Zugriff
Nichtberechtigter geschützt bzw. gesichert sind.[130] Besondere Sicherungsmaß-
nahmen schreibt das Gesetz hier zwar nicht vor, weshalb jedes feste, verschlos-
sene Behältnis ausreichend ist.[131] Jedoch dürfte insbesondere dort, wo Kinder
und Jugendliche im Haus sind, eine Aufbewahrung im Waffenschrank oder in
einem ähnlich sicheren Behältnis dringend zu empfehlen sein. Auch **erlaubnisfreie Schußwaffen** dürfen nur in einem Schrank der Sicherheitsstufe 0 zusammen mit der **zugehörigen Munition** aufbewahrt werden und sind ansonsten
getrennt von dieser zu verwahren.[132] **Diabolos und Rundkugeln für Luftdruckwaffen oder Vorderlader** sind keine Munition im Sinne des WaffG, sondern Geschosse, die keiner besonderen Aufbewahrungsvorschrift unterliegen,
und dürfen deshalb mit der Waffe zusammen aufbewahrt werden. **Zündhütchen,
Schwarz- und Treibladungspulver** unterliegen den besonderen Aufbewah-
rungsbestimmungen des Sprengstoffgesetzes.

---

[127] § 36 WaffG, § 13 Abs. 7 & Abs. 8 AWaffV.
[128] § 36 Abs. 1 & Abs. 2 WaffG, § 13 Abs. 1 – Abs. 4 AWaffV.
[129] § 13 Abs. 9 AWaffV.
[130] § 36 Abs. 1 S. 1 WaffG.
[131] Nr. 36.2.1 WaffVwV.
[132] § 36 Abs. 1 S. 2 WaffG.

6)   Kontrolle durch die Behörden

Was WaffG räumt der Behörde in zweifacher Hinsicht Möglichkeiten ein, die sachgemäße Aufbewahrung von Waffen zu kontrollieren, und erlegt dem Waffenbesitzer entsprechende Mitwirkungspflichten auf. Zum einen muß der Waffenbesitzer generell – insbesondere vor der erstmaligen Erteilung einer waffenrechtlichen Erlaubnis – gegenüber der Waffenbehörde den **Nachweis der sicheren Aufbewahrung** erbringen (z.b. durch Vorlage des Kaufbelegs oder von Lichtbildern der Typenschilder o.ä.). Zum anderen kann die Behörde nicht nur bei begründeten Zweifeln an einer sicheren Aufbewahrung, sondern anlaß- und verdachtsunabhängig **Zutritt zum Aufbewahrungsort zur Nachschau** zwecks Überprüfung der ordnungsgemäßen Aufbewahrung verlangen, wobei Wohnräume gegen den Willen des Waffenbesitzers nur zur Abwehr dringender Gefahren betreten werden dürfen.[133]

Insbesondere die zweite Variante, die mit dem Schlagwort „**Waffenschrankkontrolle**" bezeichnet wird, hat für Aufsehen und kontroverse Diskussionen bei allen Beteiligten gesorgt, vor allem deshalb, weil in Ermangelung einheitlicher Richtlinien völlig unklar war, wie diese Regelung praktisch umgesetzt werden soll. Aus dem gleichen Grund war auch die Handhabung durch die Waffenbehörden nicht nur von Bundesland zu Bundesland, sondern mitunter auch von Behörde zu Behörde unterschiedlich und für den einzelnen Waffenbesitzer kaum vorhersehbar, was für erhebliche Rechtsunsicherheit gesorgt hat. Hieran wird sich auch nichts Wesentliches ändern, weil die WaffVwV,[134] in die hier von Waffenbesitzern wie Behörden große Hoffnungen gesetzt wurde, in für die praktische Handhabung wesentlichen Punkten manche Wünsche offen läßt. Sie wiederholt zwar das, was sich auch bislang unproblematisch aus dem Gesetz selber herleiten ließ, verhält sich aber zu zentralen Fragen – bspw. Kontrollbefugnis, angemeldete oder unangemeldete Kontrolle, Gebührenpflicht – leider nicht. Jedoch ergibt eine Gesamtschau von Gesetzestext, Begründung zum Gesetzentwurf, WaffVwV, Fachliteratur und bereits ergangenen Gerichtsentscheidungen folgendes Bild:[135]

Kontrolladressat ist ausschließlich der Waffenbesitzer. Dieser, nicht aber Dritte wie z.B. Angehörige, hat zu diesem Zweck den Zutritt zu gewähren.

> **Praxistip:** Es ist nicht zulässig, Nichtberechtigten die Schlüssel zum Waffenschrank zu übergeben, um eine Kontrolle in Abwesenheit zu ermöglichen. Nur Berechtigte dürfen Zugang zu erlaubnispflichtigen Waffen und Munition haben.

---

[133] § 36 Abs. 2 & Abs. 3 WaffG.
[134] Nr. 36.7 WaffVwV.
[135] Allgemeine **Grundsätze zum Umgang mit Polizei und Behörden** siehe unten XII.

Die **Kontrollbefugnis** liegt bei den Waffenbehörden, die in der Regel bei den Ordnungsämtern, seltener bei der Polizei,[136] angesiedelt sind. Waffenbehörde im Sinne des Gesetzes ist stets die Behörde insgesamt, also nicht allein das Ordnungsamt oder die für das Waffenrecht zuständigen Sachbearbeiter. Theoretisch könnten daher alle Mitarbeiter dieser Behörde mit Waffenschrankkontrollen beauftragt werden.

Beispiel: Ist die Waffenbehörde beim Ordnungsamt des Landkreises eingerichtet, dann ist der Landkreis bzw. das Landratsamt insgesamt Waffenbehörde.

Sonstige Behörden (z.b. Ordnungsdienste der Gemeinden, Polizeidienststellen), die nicht selber Waffenbehörden sind, dürfen solche Kontrollen allenfalls im Rahmen der Amtshilfe durchführen, ansonsten nicht.

Diese Situation stellt den Waffenbesitzer vor folgendes Problem: Einerseits muß er die Kontrolle zulassen,[137] andererseits aber muß er seine Waffen vor unbefugtem Zugriff schützen[138] und sicherstellen, daß nicht etwa Unbefugte sich unter dem Vorwand einer Waffenschrankkontrolle Zutritt zum Aufbewahrungsort verschaffen und diesen auskundschaften. Erscheinen persönlich nicht bekannte Behördenmitarbeiter zur Kontrolle, ist dringend – insbesondere bei **unangemeldeten Kontrollen** – zu empfehlen, deren **Legitimation** sorgfältig zu prüfen.

Praxistip: Ein Dienstausweis reicht nur aus, wenn dessen Aussehen bekannt ist. Solche Dokumente sind mit den heutigen Mitteln der Computertechnik unschwer nachzuahmen. Es ist daher geboten – wie bei allen anderen Besuchen tatsächlicher oder angeblicher Behördenmitarbeiter auch – telefonisch bei der Waffenbehörde nachzufragen, ob der Kontrolleur auch tatsächlich von dieser kommt. Zu diesem Zweck sollte keinesfalls eine von dem Kontrolleur genannte Rufnummer genutzt werden, denn wenn der Kontrolleur falsch ist, ist es die Rufnummer auch. Die Telefonnummer der Waffenbehörde sollte aus dem Telefonbuch herausgesucht werden oder bereits zuvor griffbereit, z.B. auf einem Klebezettel in der Nähe des Waffenschranks, notiert worden sein. Diese Überprüfung sollte geschehen, bevor der Kontrolleur ins Haus oder in die Wohnung eingelassen wird. In jedem Falle ist eine Überprüfung angezeigt, wenn Zivilpersonen behaupten, im Auftrag oder in Amtshilfe für die Waffenbehörde tätig zu sein.

Bei **angemeldeten Kontrollen** wird in der Regel die Prüfung ausreichen, ob der Kontrolleur auch tatsächlich der angekündigte Behördenmitarbeiter ist, wenn

---

[136] Bspw. in Berlin und den kreisfreien Städten Magdeburg und Halle in Sachsen-Anhalt.
[137] § 36 Abs. 3 S. 2 WaffG.
[138] § 36 Abs. 1 S. 1 WaffG.

nach Erhalt der Anmeldung bereits telefonisch bei der Waffenbehörde nachgefragt wurde, ob die Anmeldung tatsächlich von dort kommt.

Wo **uniformierte Polizeibeamte in Amtshilfe** für die Waffenbehörde tätig werden, ist der Waffenbesitzer meist ohne umständliches Telefonieren auf der sicheren Seite. Auch wenn diese Methode kritisiert wird, weil niemand gerne Besuch von der Polizei bekommt, bietet sie den Vorteil, daß Polizisten mit Uniform und Streifenwagen für lichtscheue Elemente wesentlich schwieriger zu fälschen sind als papierne Dienstausweise. In diesen Fällen reichen ein Polizeidienstausweis und ein schriftliches Amtshilfeersuchen bzw. ein Prüfauftrag aus.

Aufgabe der Kontrolle ist die Überprüfung, ob die erforderlichen Sicherheitsbehältnisse vorhanden sind und ob sie die vorgeschriebenen Sicherheitsstufen aufweisen. Des Weiteren darf kontrolliert werden, ob die mit Blick auf die zahlenmäßigen Begrenzungen für die Waffenaufbewahrung zu erfüllenden Standards der Behältnisse – Schrankgewicht von mindestens 200 kg oder entsprechende Verankerung – eingehalten sind. Auch darf die ordnungsgemäße Verwahrung von Schlüsseln und Zweitschlüsseln hinterfragt werden.

Praxistip: Auf die Frage nach dem Verbleib der Schlüssel ist „Immer am Mann" die richtige, „Gut versteckt" hingegen die falsche Antwort. Für alle Fremdwaffen sollten immer Belege (Leihschein, WBK-Kopie bei gemeinsamer Aufbewahrung etc.) vorhanden sein.

Daneben darf nicht nur der Waffenschrank selber, sondern auch dessen Inhalt überprüft und mit dem aktenkundigen Bestand abgeglichen werden, weil nur auf diese Weise die ordnungsgemäße Aufbewahrung aller im Besitz des Waffenbesitzers befindlichen Waffen sicherzustellen und zu kontrollieren ist.[139] Waffen- und Munitionsschränke sind daher zu öffnen und die Waffen vorzuzeigen bzw. vorzulegen, um Herstellerbezeichnungen, Waffennummern oder Kaliberangaben zum Zwecke des Abgleichs feststellen zu können. Die Inaugenscheinnahme der Behältnisse, ggf. auch der Innenfächer, ist ebenfalls zulässig, um die ordnungsgemäße Trennung von Waffen und Munition zu prüfen, ein eigenhändiges Durchsuchen durch den Kontrolleur indessen nicht. Ferner darf im Rahmen der Kontrolle die Vorlage der vorhandenen waffenrechtlichen Erlaubnisse und deren Aushändigung zur Prüfung[140] verlangt werden.

Die Kontrollbefugnis ist **räumlich begrenzt.** Es dürfen nur die Räume betreten und besichtigt werden, in denen sich die Aufbewahrungsbehältnisse befinden, andere nur, soweit dies erforderlich ist, um zum Aufbewahrungsort zu gelangen, oder soweit der Waffenbesitzer es gestattet. Diesem steht auch frei, über den Weg zum Aufbewahrungsort – bspw. durch den Haupteingang oder durch die

---

[139] Nunmehr durch Nr. 36.7 WaffVwV ausdrücklich klargestellt.
[140] § 39 Abs. 3 WaffG.

Kellertür – zu entscheiden. Eine **Durchsuchungsbefugnis besteht** selbst im Falle der Gefahrenabwehr **nicht**. Ein Absuchen anderer als der Aufbewahrungs-räume, z.b. um den Verbleib nicht im Waffenschrank befindlicher Waffen im Haus zu prüfen, ist unzulässig. Die **Gestattung des Zutritts** ist jederzeit frei **widerruflich**. Fordert der Waffenbesitzer zum Verlassen der Räume auf, ist die Kontrolle beendet, sofern sie nicht in eine solche zur Abwehr dringender Gefahren „umschlägt", etwa weil eine Waffe fehlt und deren Verbleib nicht unverzüglich aufgeklärt wird.

Bezüglich der **Kontrollzeit** ergibt sich aus dem Gesetz, daß Waffenschrankkon-trollen **verdachtsunabhängig** durchgeführt werden können, allerdings **nicht zur Unzeit**, mithin nicht zur Nachtzeit (21 bis 6 Uhr) und nicht an Sonn- und Feier-tagen, stattfinden sollen.[141] In Ermangelung gegenteiliger Regelungen sind sie **angemeldet und unangemeldet** zulässig, und entsprechend werden auch beide Varianten von den Waffenbehörden in Deutschland praktiziert. An einer bundes-einheitlichen Regelung, wann angemeldet und wann unangemeldet kontrolliert werden soll, fehlt es nach wie vor, weshalb auch die Handhabung durch die Be-hörden in den verschiedenen Bundesländern uneinheitlich ist. Auskunft darüber, wie am Wohnort des Waffenbesitzers verfahren wird, kann jedoch die örtlich zuständige Waffenbehörde erteilen.

Wer die **Kontrolle unberechtigt verweigert,** verletzt eine gesetzliche Mitwir-kungspflicht und verstößt damit gegen das WaffG, was – insbesondere im Wie-derholungsfalle – die waffenrechtliche Unzuverlässigkeit begründen[142] und zum Verlust der WBK führen kann. Wird hingegen eine **unangemeldete Kontrolle** aus triftigen Gründen abgelehnt, weil nachweislich dringende berufliche oder private Termine wahrzunehmen sind, z.B. Kundentermine oder Arztbesuche, führt dies nicht zur Unzuverlässigkeit. Gleiches gilt, wenn ein Waffenbesitzer bei einer unangemeldeten Kontrolle nicht angetroffen wird oder diese ablehnt, weil er die Legitimation eines ihm persönlich nicht bekannten Kontrolleurs prüfen und bei der Waffenbehörde telefonisch nachfragen will, diese aber nicht erreich-bar ist. Wer hier seiner Sorgfaltspflicht entsprechend verhindert, daß sich ggf. Unbefugte unter dem Vorwand einer Waffenschrankkontrolle Zugriff auf Waffen verschaffen oder Einbruchsgelegenheiten auskundschaften wollen, verstößt nicht gegen das WaffG, sondern befolgt es. **Angemeldete Kontrollen**, insbesondere wenn sie zuvor mit dem Waffenbesitzer abgestimmt sind, dürften kaum berech-tigt zu verweigern sein, wenn nicht plötzliche und unerwartete Ereignisse eintre-ten, wie z.B. Unfälle oder Erkrankungen.

Praxistip: Waffen zu besitzen ist ein Privileg. Diesem Privileg korre-spondiert die Pflicht, mit Waffen und Munition sorgsam umzugehen, was leider nicht immer selbstverständlich ist, wie die Vergangenheit ge-

---

[141] Nr. 36.7 WaffVwV unter Hinweis auf § 758 a Abs. 4 Zivilprozeßordnung (ZPO).
[142] § 17 Abs. 4 Nr. 2 BJagdG, § 5 Abs. 2 Nr. 5 WaffG.

zeigt hat. Waffenschrankkontrollen verfolgen daher das berechtigte Anliegen, die Einhaltung der aus diesem Privileg erwachsenden Pflichten
zu gewährleisten, wodurch zugleich der Fortbestand des legalen Waffenbesitzes in Deutschland gesichert wird. Daher gibt es auch kein vernünftiges Argument gegen derlei Kontrollen, zumal diesen der Grundsatz der Kooperation und nicht der Konfrontation mit dem Waffenbesitzer zugrunde liegt, um sie einfach und reibungslos durchführen zu können. Eine möglichst große Zahl beanstandungsfreier und unproblematisch verlaufener Kontrollen ist die beste Werbung für die Seriösität der
deutschen Waffenbesitzer und nimmt so deren Gegnern einen guten Teil
Wind aus den Segeln. Funktionieren die Kontrollen in der Praxis hingegen nicht, ist es nur eine Frage der Zeit, bis der private Waffenbesitz
insgesamt erneut in Frage gestellt werden wird. Schließlich wird auch
der Waffenschrankkontrolleur Kooperation danken. Ebensowenig wie
der Waffenbesitzer sich mit kleingeistigen Beamten herumschlagen
möchte, die ihm ständig Steine in den Weg legen, hat der Kontrolleur,
der (bei Berufstätigen) Kontrollen zum Teil außerhalb seiner eigentlichen Dienstzeit vornehmen muß, ein Interesse daran, mit querulatori-
schen Waffenbesitzern zu tun zu haben, die sich einen Sport daraus machen, mit immer neuen Tricks Kontrollen zu vereiteln und ihn daran zu
hindern, seine Arbeit zu tun.

Die **Gebührenpflichtigkeit der Kontrolle** ist bislang ungeklärt. Die WaffVwV
verweist – wie schon zuvor die Begründung zum Gesetzentwurf – darauf, daß
verdachtsunabhängige Waffenschrankkontrollen im öffentlichen Interesse liegen
und deshalb gebührenfrei erfolgen sollen. Dieser Empfehlung folgend erhebt die
überwiegende Mehrzahl der Waffenbehörden in der Bundesrepublik jedenfalls
für Erstkontrollen und beanstandungsfrei verlaufene Kontrollen auch keine Ge-
bühren. Die insbesondere in Baden-Württemberg geübte Praxis, dies dennoch zu
tun, wurde zwar bereits erstinstanzlich gerichtlich bestätigt, eine obergerichtliche
Klärung steht jedoch aus. Dort bleibt im Moment nur, entweder zu zahlen oder
gerichtlich gegen den Kostenbescheid vorzugehen.

7) Verstöße gegen die Aufbewahrungsvorschriften

**Zuwiderhandlungen gegen die Aufbewahrungsvorschriften für Schußwaf-
fen und Munition** sind grundsätzlich **Ordnungswidrigkeiten**. Sie werden zu
Straftaten, wenn sie vorsätzlich begangen werden und dadurch die Gefahr des
Abhandenkommens oder des unbefugten Zugriffs entsteht.[143] Dies gilt unabhängig davon, ob es sich um erlaubnispflichtige oder erlaubnisfreie Gegenstände
handelt. Darüber hinaus können Verstöße zum Entzug der WBK führen.

---

[143] § 52 a, § 53 Abs. 1 Nr. 19 WaffG.

Beispiel: *Wer vergißt, seinen Waffenschrank abzuschließen, begeht eine Ord-*
nungswidrigkeit. Wer seine Pistole im Nachtschrank lagert, um sie im Falle
eines Einbruchs zur Hand zu haben, handelt vorsätzlich und begeht eine Straftat.

Kommt es zu Schadensereignissen, drohen zudem Probleme mit der Haftpflicht-
oder der Diebstahlsversicherung, weil sich derjenige, der Waffen und Munition
nicht ordnungsgemäß verwahrt, ggf. dem Vorwurf grober Fahrlässigkeit ausge-
setzt sieht, der die Leistungsfreiheit des Versicherers nach sich ziehen kann.

IX.   Eingeschränkt zulässige u. verbotene Waffen/Gegenstände

1)   Faustmesser

Faustmesser (sog. „Skinner"-Messer, bei denen der Griff T-förmig quer zur Klinge verläuft) sind **verbotene Waffen**. **Ausgenommen** hiervon sind u.a. **Jäger**. Sie dürfen Umgang mit Faustmessern haben, soweit sie diese zur Ausübung der Jagd benötigen.[144] **Sportschützen** dürfen Faustmesser weder erwerben noch besitzen. **Zuwiderhandlungen** sind Straftaten.

2)   Spring-, Fall- und Falt- („Butterfly"-) Messer

Derartige Messer – mitunter wegen der einhändigen Bedienbarkeit beliebt – sind **nur zulässig**, wenn die **Klinge seitlich durch Federdruck aus dem Griff herausschnellt** (Springmesser) und der aus dem Griff herausragende Teil der Klinge höchstens 8,5 cm lang und nicht beidseitig geschliffen ist.[145] **Ausnahmslos verboten** sind Springmesser, deren Klingen anders beschaffen sind oder nach vorn austreten, und **alle Fallmesser** (Messer, deren Klinge durch die Schwerkraft seitlich oder nach vorn aus dem Griff austritt bzw. durch Handbewegung herausgeschleudert wird und sich selbsttätig feststellt).[146]

Alle erlaubten Springmesser sind **Hieb- und Stoßwaffen** und zugleich **Einhandmesser** im Sinne von § 42 a WaffG und dürfen nur unter den dort genannten Voraussetzungen geführt werden (siehe unten X.).

Alle Faltmesser (sog. Butterflymesser) sind ungeachtet der Größe oder der Beschaffenheit ihrer Klingen **ausnahmslos verbotene Waffen**.[147] Im Gegensatz zu gängigen und **erlaubten Klappmessern** (Taschenmessern) handelt es sich bei **verbotenen Faltmessern** um solche Messer, die einen zweiteiligen, schwenkbaren Griff aufweisen, der sich beim Zusammenfalten beidseitig um die Klinge legt, während bei **erlaubten Klappmessern** die Klinge in einen einteiligen Griff eingeklappt wird.

Achtung: Die hier genannten verbotenen Messer sind teilweise als Altbesitz noch vorhanden und werden auch heute noch im Ausland (z.B. auf sog. „Polen-

---

[144] § 2 Abs. 3, § 40 Abs. 3, Anlage 2 Abschnitt 1 Nr. 1.4.2 WaffG.

[145] Die weiteren Beschränkungen - Klinge in der Mitte nicht schmaler als 20 % ihrer Länge und mit durchgehendem Rücken, der sich zur Schneide hin verjüngt – sind seit der Änderung des WaffG am 01.04.2008 aufgehoben.

[146] § 2 Abs. 3, Anlage 2 Abschnitt 1 Nr. 1.4.1 WaffG.

[147] § 2 Abs. 3, Anlage 2 Abschnitt 1 Nr. 1.4.3 WaffG.

märkten", aber auch in Italien und in der Türkei) verkauft. Dort findet sich mitunter auch anderes in Deutschland verbotenes „Spielzeug", wie bspw. Stahlruten, Schlagringe und Totschläger. **Zuwiderhandlungen** sind Straftaten.

Praxistip: Kaufen Sie im Ausland nichts, von dem Sie nicht sicher wissen, daß es in Deutschland auch erlaubt ist. Bereits die Einfuhr verbotener Waffen/Gegenstände nach Deutschland ist strafbar.

3) Vorderschaftrepetierflinten (Pump-Action-Flinten, Pump-Guns)

Verboten sind Vorderschaftrepetierflinten, bei denen anstelle eines Hinterschafts ein **Kurzwaffengriff** vorhanden ist **oder** deren **Waffengesamtlänge** in der kürzestmöglichen Verwendungsform (bspw. bei Klappschäften) **weniger als 95 cm oder** deren **Lauflänge weniger als 45 cm** beträgt.[148] Alle übrigen Vorderschaftrepetierflinten sind erlaubt, dürfen von Sportschützen aber nur mit besonderer Erwerbserlaubnis erworben werden. Die Vorlage der gelben WBK genügt nicht.

Für **Vorderschaftrepetierbüchsen und alle anderen Flinten** (Selbstlade-, Einlauf-, Bock- und Doppelflinten) **gelten diese Beschränkungen nicht.**

Achtung: Diese Regelung wurde zum 01.04.2008 geändert. Waffen, die heute unter das Verbot dieser Vorschrift fallen, waren bis dahin z.t. noch legal verkäuflich. Vorsicht daher beim Kauf aus Altbesitz. **Zuwiderhandlungen** sind als Verbrechen mit **mindestens einem Jahr Freiheitsstrafe** bedroht.[149]

Praxistip: Vorderschaftrepetierflinten, die in ihrem Heimatland, den USA, gängige Waffen sind, haben sich in Deutschland nie durchsetzen können, obwohl sie waffentechnisch durchaus Vorzüge haben. Die thermische Belastung des Laufes beeinträchtigt die Treffpunktlage der einläufigen Waffe nicht, und es sind preiswerte Wechselläufe erhältlich, mit denen die Waffe mit wenigen Handgriffen unterschiedlichen Erfordernissen angepaßt werden kann; zudem gibt es wetterfeste Ausführungen aus Edelstahl mit Kunststoffschaft. Auch kostet eine gute „Pumpe" kaum mehr als ein Drittel dessen, was für eine gute Bock- oder Doppelflinte aufgewandt werden muß. Dennoch ist ihre Anschaffung, jedenfalls als Erstwaffe, kaum zu empfehlen. Ihr einziger, für weniger geübte Schützen aber gravierender, technischer Nachteil ist, daß für einen schnellen zweiten Schuß im Mitschwingen repetiert werden muß, was Zeit kostet, eine gewisse Übung des Schützen verlangt und auf dem Wurfscheibenstand nachteilig ist. Des Weiteren sind diese Waffen vielfach nicht gern gesehen. Sie sind das Negativ-Image einer bei Gangstern

---

[148] § 2 Abs. 3, Anlage 2 Abschnitt 1 Nr. 1.2.1 WaffG.
[149] § 51 Abs. 1 WaffG.

und amerikanischen Polizeibeamten gleichermaßen beliebten Nahkampfwaffe für den Straßen- und Häuserkampf nie losgeworden und werden oft für unvereinbar mit hiesigen Traditionen erachtet.

4) Selbstladebüchsen und –flinten (sog. Halbautomaten)

Selbstladebüchsen und –flinten sind im Schießsport nur zulässig, wenn das **Magazin nicht mehr als zehn Patronen** faßt.[150] Einen weiteren Schuß in das Patronenlager zu laden, ist zulässig. Weil der Sportschütze nur Waffen erwerben darf, die für das sportliche Schießen zugelassen sind, darf er Halbautomaten mit höherer Magazinkapazität weder erwerben noch besitzen. Dies gilt selbst dann, wenn nur zehn Schuß in das Magazin geladen werden, weil **nicht der Ladezustand**, sondern das **Fassungsvermögen des Magazins** ausschlaggebend ist.

Achtung: Magazine für Schußwaffen sind keine wesentlichen Waffenbestandteile und daher frei verkäuflich, weshalb manche ihre Selbstlader nachträglich umrüsten. **Vorsicht** daher beim Kauf von Gebrauchtwaffen und bei der Leihe. **Zuwiderhandlungen** können u.U. als unerlaubter Erwerb von Langwaffen nach dem WaffG strafbar sein.

Diese Beschränkung gilt nur für **Selbstladebüchsen und Selbstladeflinten.** Für alle anderen **Mehrlader (=Repetierer)** gilt sie nicht; deren Magazine dürfen mehr als zehn Schuß fassen.

Praxistip: Wer Selbstlader, insbesondere Selbstladeflinten, führt, wird auf dem Schießstand besonders kritisch beäugt, und zwar unter Sicherheitsaspekten. Im Gegensatz zu Repetierern und Kipplaufwaffen können diesen Waffen weder der Schütze noch die Standaufsicht ohne weiteres ansehen, ob sie vorschriftsmäßig entladen sind, weil der Verschluß in Ruhestellung in der Regel geschlossen oder nur bei genauem Hinsehen als geöffnet zu erkennen ist. Schon deshalb sind sie nicht überall gern gesehen. Auf dem Wurfscheibenstand besteht zudem die Gefahr, daß versehentlich ein dritter Schuß geladen oder nicht entladen wird. Besonders sorgfältiger Umgang ist deshalb zwingend erforderlich.

Achtung: Jäger dürfen Selbstladebüchsen und –flinten nur erwerben und ggf. jagdlich führen, wenn das **Magazin nicht mehr als zwei Patronen** faßt, weil Selbstlader mit höherer Magazinkapazität für den jagdlichen Einsatz verboten sind und der Jäger nur Jagdwaffen erwerben darf. Selbstlader mit höherer Magazinkapazität dürfen Jägern deshalb zwar zum Schießen unmittelbar auf dem

---

[150] § 6 Abs. 1 Nr. 3 AWaffV.

Schießstand übergeben, ansonsten aber weder ausgeliehen noch dauerhaft über-lassen werden.[151]

5)   Verbotene und unzulässige Kurzwaffen

Seit dem 01.04.2008 sind **mehrschüssige Kurzwaffen** verboten, die nach dem 01.01.1970 hergestellt wurden und **Zentralfeuermunition** in Kalibern **unter 6,3 mm** verschießen.[152] Waffen in den üblichen Kleinkalibern .22 kurz, .22 lfb und .22 Magnum werden hiervon nicht erfaßt, weil es sich bei diesen Patronen um **Randfeuermunition** handelt. Ebenfalls nicht erfaßt ist die amerikanische Contender-/Encore-Pistole, eine gelegentlich bei Jägern anzutreffende Kipplauf-pistole für Büchsenmunition, weil es sich hierbei um eine **einschüssige Kurz-waffe** handelt.

Achtung: Diese Regelung erfaßt nicht nur die in Deutschland kaum verbreitete russische Pistole PSM, die die kleine, aber sehr leistungsstarke Patrone 5,45 x 17,8 mm verschießt, die auf kurze Distanz fast jede ballistische Schutzweste durchschlägt. Sie gilt auch für die gelegentlich vorkommenden Revolver und Wechseltrommeln im Büchsenkaliber .22 Hornet. Vorsicht daher beim Kauf aus Altbesitz. **Zuwiderhandlungen** sind Straftaten.

Daneben sind **sämtliche Kurzwaffen** vom Schießsport ausgeschlossen, deren **Lauflänge weniger als 7,62 cm** (=3 Zoll) beträgt.[153] Diese Waffen sind **nicht verboten** und dürfen von anderen Waffennutzern erworben werden. Sie sind bspw. bei Jägern in leistungsstarken Kalibern oft als Fangschußwaffen anzutref-fen. Weil solche Waffen für das **sportliche Schießen nicht zugelassen** sind, dürfen Sportschützen auch auf Schießstätten mit diesen nicht schießen.[154] Auch dürfen sie diese Waffen mangels Bedürfnisses selbst als WBK-Inhaber weder vorübergehend ausleihen noch dauerhaft erwerben. Allein der vorübergehende Erwerb zum Zwecke der sicheren Verwahrung oder Beförderung ist zulässig.[155]

6)   Dauerfeuereinrichtungen für Kurzwaffen („Feuerwahlhebel")

Für bestimmte, gebräuchliche Pistolenmodelle, bspw. die österreichische Glock, wurde und wird auch im Inland ein sog. „Feuerwahlhebel" angeboten – ein Bau-teil, das mit wenig Aufwand durch den Waffenbesitzer selber eingebaut werden kann. Der Vertrieb erfolgt vornehmlich über das Internet. Dieses Bauteil ist re-

---

[151] § 19 Abs. 1 Nr. 2 c BJagdG; § 13 Abs. 1 Nr. 2, § 13 Abs. 6 S. 1 WaffG.
[152] § 2 Abs. 3, Anlage 2 Abschnitt 1 Nr. 1.2.5 WaffG.
[153] § 6 Abs. 1 Nr. 1 AWaffV.
[154] § 9 Abs. 1 S. 1 Nr. 3 AWaffV.
[155] § 12 Abs. 1 Nr. 1 WaffG.

gelmäßig kein wesentlicher Bestandteil der Waffe im waffenrechtlichen Sinne und somit frei verkäuflich. Es verhindert, daß der Verschluß nach dem Repetiervorgang einrastet. Die Waffe feuert weiter, solange der Abzug gezogen ist, und wird mithin zu einer Maschinenpistole, also einem Vollautomaten. Solche Waffen sind verbotene Gegenstände. **Zuwiderhandlungen** sind als Verbrechen mit **mindestens einem Jahr Freiheitsstrafe** bedroht.[156]

> **Praxistip:** Unter keinen Umständen kaufen! Werden solche Händler von der Polizei „ausgehoben", werden in aller Regel auch Kundenlisten gefunden. Diese Kunden müssen ihrerseits mit einem Strafverfahren und einem ungebetenen Besuch der Polizei rechnen. Selbst wenn das Bauteil nicht mehr vorhanden oder nicht eingebaut und die Pistole mithin nicht verboten ist, gefährdet bereits der Umstand, sich ein derartiges Bauteil verschafft zu haben oder es zu besitzen, die waffenrechtliche Zuverlässigkeit, weil der Waffenbesitzer sich zu jeder Zeit in den Besitz einer Maschinenpistole bringen kann. Das wiederum begründet die berechtigte Annahme, er gehe unsachgemäß mit seinen Schußwaffen um bzw. verwende diese mißbräuchlich, und sei deswegen waffenrechtlich unzuverlässig, was den Entzug der WBK zur Folge haben kann.

Waffen und Zubehör kauft man deshalb im seriösen Fachhandel oder beim Büchsenmacher, niemals aber bei dubiosen Internetanbietern.

7) Nachtsicht- und Nachtzielgeräte

Nachtsicht- und Nachtzielgeräte sind Geräte, die einen Bildwandler oder Restlichtverstärker besitzen und das Sehen selbst in vollständiger Dunkelheit ermöglichen. Teilweise sind sie auch mit einem zusätzlichen Infrarotstrahler ausgestattet, dessen Licht mit bloßem Auge nicht sichtbar ist, bei Betrachtung durch das Gerät aber das Umfeld erleuchtet.

Nachtsichtgeräte, die gleich einem Fernglas nur zur Beobachtung eingesetzt werden, sind waffenrechtlich erlaubt.

Nachtsicht- und Nachtzielgeräte mit Montagevorrichtung für Schußwaffen oder entsprechende Aufsätze für Zielfernrohre sind verbotene Gegenstände, und zwar auch dann, wenn diese Montagevorrichtung in Eigenleistung hergestellt worden ist.[157] Dies gilt ebenfalls, wenn das Gerät nicht auf die Waffe aufmontiert ist. **Zuwiderhandlungen** sind Straftaten.

---

[156] § 51 Abs. 1 WaffG.
[157] § 2 Abs. 3, Anlage 2 Abschnitt 1 Nr. 1.2.4.2 WaffG.

8)   Laserpointer, Zielscheinwerfer, beleuchtete Zielhilfen

Für Schußwaffen bestimmte Vorrichtungen, die das Ziel beleuchten oder markieren, sind verbotene Gegenstände.[158] **Zuwiderhandlungen** sind Straftaten.

Hierunter fallen nicht nur eigens für solche Zwecke hergestellten Gegenstände wie Zielscheinwerfer oder Zielpunktprojektoren, sondern auch handelsübliche, ursprünglich für andere Zwecke vorgesehene Laserpointer oder Taschenlampen, wenn sie eine Vorrichtung zur Montage auf Schußwaffen besitzen. Auch die bei manchen Jägern beliebten Infrarotaufheller, die mittels einer Gummimuffe auf das Zielfernrohrokular aufgesteckt werden und das Fadenkreuz – nur im Nachtsichtgerät sichtbar – ins Gelände projizieren, um sodann – in der einen Hand das Nachtsichtgerät, in der anderen die Waffe – Schwarzwild auch bei Neumond noch beschießen zu können, fallen hierunter.[159] Weil es hierbei nicht darauf ankommt, ob eine Montagevorrichtung vorhanden ist oder die Vorrichtung auf die Waffe aufmontiert ist, kann die Straftat gegen das WaffG bereits begangen haben, wer Laserpointer oder Lampe, Montage und Waffe getrennt mit sich führend angetroffen wird.

Praxistip: Im Versand- und Internethandel werden Taschenlampen (z.B. die Walther Tactical) und Laserpointer angeboten und – völlig untypisch, weil für die Verwendung als Taschenlampe belanglos – deren Durchmesser angegeben. Dieser beträgt meist 25,4 mm. 25,4 mm und 30 mm sind die Standard-Mittelrohrdurchmesser von Zielfernrohren. Daneben werden Zielfernrohrmontagen gleichen Durchmessers für Weaver-, Glock- oder Picatinny-Schienen angeboten, obwohl der Händler mitunter gar keine Zielfernrohre anbietet. Hintergrund ist, daß Taschenlampe und Montage als Set zu verkaufen aufgrund eines Feststellungsbescheides des Bundeskriminalamtes verboten ist, die Einzelteile hingegen frei verkäuflich sind. Wer sie kauft und zusammensetzt, hat einen Zielscheinwerfer und damit einen verbotenen Gegenstand im Besitz. Deshalb: Hände weg von solchen Angeboten. Bereits der Besitz solcher Einzelteile kann den Verdacht unsachgemäßen Umgangs mit Schußwaffen und die waffenrechtliche Unzuverlässigkeit begründen.

Beleuchtete Zielhilfen hingegen, wie bspw. Zielfernrohre mit **Leuchtabsehen**, **Holosight-** oder **Red-Dot-Visiere**, sind erlaubt. Sie unterscheiden sich von den verbotenen Vorrichtungen im o.g. Sinne dadurch, daß sie nicht das Ziel anstrahlen bzw. nicht in dieses hineinleuchten, sondern lediglich einen in der Visierebene befindlichen Zielpunkt, nämlich das Absehen, illuminieren.[160]

---

[158] § 2 Abs. 3, Anlage 2 Abschnitt 1 Nr. 1.2.4.1 WaffG.
[159] Vgl. Anlage 1 Abschnitt 1 Unterabschnitt 1 Nr. 4.1 WaffG.
[160] Vgl. Anlage 1 Abschnitt 1 Unterabschnitt 1 Nr. 4.2 WaffG.

X. Führen von Blankwaffen und Messern

Hieb- und Stoßwaffen dürfen von Personen über 18 Jahren erworben und besessen werden. Sie zu führen (der Begriff ist identisch mit dem Begriff des Führens bei Schußwaffen) ist indessen verboten, sofern nicht eine der in § 42a WaffG genannten Ausnahmen vorliegt. Gleiches gilt für bestimmte Messer, auch wenn sie nicht als Waffen gelten. Diese Regelung, die ein beträchtliches Gefahrenpotential für Waffenbesitzer bergen kann, lautet:

§ 42 a WaffG – Verbot des Führens von Anscheinswaffen und bestimmten tragbaren Gegenständen

(1) Es ist verboten
1. Anscheinswaffen,
2. Hieb- und Stoßwaffen nach Anlage 1 Abschnitt 1 Unterabschnitt 2 Nr. 1.1 oder
3. Messer mit einhändig feststellbarer Klinge (Einhandmesser) oder feststehende Messer mit einer Klingenlänge über 12 cm zu führen.

(2) Absatz 1 gilt nicht
1. für die Verwendung bei Foto-, Film- oder Fernsehaufnahmen oder Theateraufführungen,
2. für den Transport in einem verschlossenen Behältnis,
3. für das Führen der Gegenstände nach Absatz 1 Nr. 2 und 3, sofern ein berechtigtes Interesse vorliegt.
Weitergehende Regelungen bleiben unberührt.

(3) Ein berechtigtes Interesse nach Absatz 2 Nr. 3 liegt insbesondere dann vor, wenn das Führen der Gegenstände im Zusammenhang mit der Berufsausübung erfolgt, der Brauchtumspflege, dem Sport oder einem allgemein anerkannten Zweck dient.

Zu dieser nur scheinbar eindeutigen Regelung ist folgendes anzumerken:

Anscheinswaffen im Sinne von Absatz 1 Nr. 1 sind **Schußwaffen, die keine Feuerwaffen sind**, aber nach ihrer äußeren Form und ihrem Gesamterscheinungsbild den Anschein hervorrufen, solche zu sein (z.B. originalgetreu und in Originalgröße gefertigte Softair-Waffen), **Nachbildungen von solchen Schußwaffen**, die selbst keine Schußwaffen sind (z.B. reine Dekorationswaffen) und

unbrauchbar gemachte Schußwaffen (z.B. solche, die zu Dekorationswaffen umgebaut wurden und das entsprechende Prüfzeichen tragen).[161]

Hieb- und Stoßwaffen im Sinne von Absatz 1 Nr. 2 sind Gegenstände, die seitens des Herstellers oder aufgrund nachträglicher Veränderung dazu bestimmt sind, unter unmittelbarer Ausnutzung der Muskelkraft durch Hieb, Stoß, Stich, Schlag oder Wurf Verletzungen beizubringen.[162] **Bajonette, Kampfmesser, Faustmesser** und erlaubte **Springmesser** sind daher ungeachtet ihrer Klingenbeschaffenheit bereits kraft Gesetzes Hieb- und Stoßwaffen. Fehlt es an dieser Bestimmung, handelt es sich bei dem betreffenden Messer nicht um eine Waffe im Sinne des WaffG, sondern um einen allgemein gebräuchlichen Gegenstand bzw. ein Werkzeug. Die **praktischen Probleme dieser Regelung**, die in Fachkreisen zu Recht als mißglückt bezeichnet wird, rühren daher, daß einem Messer seine Zweckbestimmung oftmals nicht unmittelbar anzusehen ist und daß ein Gebrauchsmesser auch als Waffe (und umgekehrt) eingesetzt werden kann.

Beispiel: Handelsübliche Jagd- und Survivalmesser sind als Werkzeuge hergestellt. Sie gelten als Gebrauchsmesser, gleichen aber ihrem äußeren Erscheinungsbild nach jedenfalls dann Hieb- und Stoßwaffen im Sinne von § 42 a Abs. 1 Nr. 2, wenn sie von Klingenbeschaffenheit und Griffgestaltung her auch darauf ausgelegt sind, bspw. zum Abfangen von Wild kraftvoll zustechen zu können. Sie können daher ohne weiteres auch mißbräuchlich zur Verletzung von Menschen verwandt werden. Auch lassen sie sich nicht zwingend am äußeren Erscheinungsbild sicher identifizieren, weil insbesondere Jagdmesser mittlerweile nicht nur mit traditionellen Hirschhorn-, sondern auch mit pflegeleichten Kunststoffgriffen sowie in schwarz oder tarnfarben erhältlich sind.

Gebrauchsmesser von Hieb- und Stoßwaffen zu unterscheiden ist in solchen Fällen nahezu unmöglich. Allerdings gelingt es der WaffVwV hier, zumindest für etwas Klarheit zu sorgen:[163] Was als Hieb- und Stoßwaffe hergestellt wurde („Herstellerzweck") oder üblicherweise als solche angesehen wird („Verkehrsanschauung"), gilt auch als solche. Demnach sollen **zweiseitig geschliffene Messer, Dolche** und **Säbel** grundsätzlich als **Waffen** gelten, **Sport-, Prunk** und **Dekorationswaffen** mit stumpfen Spitzen und Schneiden dagegen **nicht**. Auch **Werkzeuge** wie bspw. **Macheten** und **Fahrtenmesser** sind demnach **keine Waffen**, Springmesser, Faustmesser und militärische Kampfmesser hingegen schon, auch wenn deren Klinge nur einseitig geschliffen ist. Für alle **übrigen Klappmesser** und **feststehende Messer** gilt, daß einseitig geschliffene Messer ungeachtet ihrer Klingenlänge und zweiseitig geschliffene Messer mit einer Klingenlänge unter 8,5 cm grundsätzlich nicht als Waffen gelten sollen, außer sie

---

[161] Anlage 1 Abschnitt 1 Unterabschnitt 1 Nr. 1.6, Anlage 2 Abschnitt 3 Unterabschnitt 2 WaffG.

[162] Vgl. Anlage 1 Abschnitt 1 Unterabschnitt 2 Nr. 1.1 WaffG.

[163] Anlage 1 Abschnitt 1 Unterabschnitt 2 Nr. 1.1 WaffVwV.

sind als solche hergestellt. Messer, die **Hieb- und Stoßwaffen** sind, dürfen **nur im Rahmen eines berechtigten Interesses** geführt werden.

Praxistip: In jagdlicher Hinsicht war seit langem gerichtlich entschieden, daß jedenfalls Hirschfänger, Försterdolche und Jagdnicker Hieb- und Stoßwaffen sind. Nunmehr sollen **Jagdnicker**, aber auch **Hirschfänger**, die mit Parierstange versehen und doppelseitig geschliffen die klassischen Merkmale einer Hieb- und Stoßwaffe erfüllen, nicht mehr als solche gelten. Da die WaffVwV als Verwaltungsrichtlinie für die Gerichte nicht verbindlich ist, bleibt abzuwarten, ob diese der Neubewertung folgen. Hier ist im Zweifel Vorsicht geboten.

Die Regelung des Absatz 1 Nr. 3 gilt für alle Einhandmesser und alle feststehenden Messer mit mehr als 12 cm Klingenlänge. Auch wenn es sich nicht um Hieb- und Stoßwaffen im o.g. Sinne handelt, wie z.B. bei Cuttermessern, die Einhandmesser sind, und Küchenmessern, Sicheln oder Macheten mit einer Klingenlänge von mehr als 12 cm, dürfen diese **nur im Rahmen eines berechtigten Interesses** geführt werden. **Einhandmesser** sind Messer, bei denen die Klinge ohne Zuhilfenahme der zweiten Hand mittels eines Bedienknopfes aus dem Griff herausgeschoben oder herausgeklappt werden kann. Eine **feststellbare Klinge** liegt vor, wenn diese erst nach Lösen einer Sperrvorrichtung (z.B. Schieber, Sperrklinke oder Druckknopf) eingeschoben oder eingeklappt werden kann.

Praxistip: Bundeswehrtaschenmesser sind auch bei Zivilisten beliebt. Das Bundeswehrtaschenmesser „alter Art" ist ein einfaches Klappmesser und darf frei geführt werden, dasjenige „neuer Art" hingegen nicht, obwohl es von der Klingendimension her identisch, konstruktiv aber als Einhandmesser mit feststellbarer Klinge gestaltet ist.

Der **Begriff des allgemein anerkannten Zwecks** ist in Absatz 3 nicht näher definiert. Dort findet sich lediglich eine beispielhafte Aufzählung, die die WaffVwV um Picknick, Bergsteigen, Gartenpflege, Rettungswesen, Jagd und Fischerei erweitert.[164] Auch ein gerade erworbenes Messer darf ohne verschlossenes Behältnis nach Hause transportiert werden, weil auch insoweit ein allgemein anerkannter Zweck vorliegt. Eine allgemeine Berechtigung hingegen, immer und überall Messer aller Art zu führen (bereits das Aufbewahren im PKW stellt Führen dar, wenn sich das Messer nicht in einem verschlossenen Behältnis befindet), läßt sich aus der Regelung jedoch nicht herleiten.

Zuwiderhandlungen sind Ordnungswidrigkeiten, die sich insbesondere im Wiederholungsfalle negativ auf die waffenrechtliche Zuverlässigkeit auswirken können. Eine restriktive Auslegung sowie ein vorsichtiger Umgang mit Blankwaffen und Messern dürften daher angebracht sein.

---

[164] Nr. 42a.2 WaffVwV.

Diese **Vorschrift gilt nicht für Taschenmesser**; diese sind keine Waffen. Der Begriff des Taschenmessers ist jedoch nicht definiert. Ein solches dürfte jedenfalls dann mit Sicherheit vorliegen, wenn die Klinge (analog der Waffendefinition bzw. der Beschaffenheit eines legalen Springmessers (siehe oben IX.2.), sog. „Taschenmesserprivileg") nicht länger als 8,5 cm, nicht einhändig bedienbar und nicht beidseitig geschliffen ist. Dies gilt auch, wenn die Klinge feststellbar ist. Bei üblichen **Jagdtaschenmessern** hingegen ist Vorsicht geboten, weil diese von Griff- und Klingenbeschaffenheit her darauf ausgelegt sind, auch kraftvolles Zustechen zu ermöglichen. Solche Messer sind zwar regelmäßig keine Hieb- und Stoßwaffen, von solchen aber äußerlich kaum zu unterscheiden.

Praxistip: Auch nach Inkrafttreten der WaffVwV verbleiben erhebliche rechtliche Grauzonen. Hauptkriterium für die Einordnung bleibt die Zweckbestimmung, die einem Messer oft nicht anzusehen ist. Insbesondere Jagd- und Survivalmesser sind von Hieb- und Stoßwaffen auf den ersten Blick mitunter kaum zu unterscheiden. Auch ist unklar, ob nur das Führen eines Messers einem allgemein anerkannten Zweck dienen, oder ob das Messer hierfür auch geeignet oder erforderlich sein muß; ob also bspw. ein Pilzsammler zwingend ein Gemüsemesser verwenden muß, oder ob er hierzu auch ein Bajonett, ein Einhand- oder ein Cuttermesser verwenden darf. Auch wenn vieles dafür spricht, daß letzteres der Fall sein dürfte, ist diese Frage rechtlich bislang ungeklärt. Außerdem sind Handhabung dieses „Messerparagraphen" und Rechtsauffassungen in den einzelnen Bundesländern uneinheitlich.[165] Einigkeit besteht lediglich darüber, daß jedenfalls die **Selbstverteidigung kein allgemein anerkannter Zweck** ist.
Um dieser Rechtsunsicherheit und Diskussionen mit der Obrigkeit, bspw. bei Verkehrskontrollen, aus dem Wege zu gehen, ist jedermann deshalb gut beraten, im Zweifel ein **Messer** stets als Hieb- und Stoßwaffe im Sinne von Abs. 1 Nr. 2 bzw. als Messer im Sinne von Abs. 1 Nr. 3 zu betrachten und es **nur im Rahmen eines berechtigten Interesses** und nur dann zu **führen**, wenn er diesem tatsächlich nachgeht (er sich also bspw. beim Picknick oder bei der Arbeit befindet) und diese ansonsten zu Hause (nicht im PKW!) aufzubewahren, sofern es sich nicht eindeutig um Gebrauchsmesser handelt, die weder Einhandmesser sind noch eine Klingenlänge über 12 cm aufweisen (z.B. Küchenmesser unter 12 cm, Skalpell, Rasiermesser, Taschenmesser).

---

[165] In der Fachpresse und im Internet gibt es eine Vielzahl von Diskussionsforen, in denen die verschiedenen Rechtsansichten zum Umgang mit Blankwaffen diskutiert werden. Eine gute und vor allem verständliche Darstellung der verschiedenen Auffassungen, auch der Behörden in den verschiedenen Bundesländern, fand sich bei Drucklegung dieses Buches auf der Internet-Seite der privaten „Initiative Messer sind Werkzeuge" unter diesem Link: http://www.messerforum.net/initiative/pages/rechtslage-waffengesetz-und-messer.php.

Achtung: Der Umgang mit Hieb- und Stoßwaffen ist **Personen unter 18 Jahren** verboten[166] und sie dürfen diesen auch nicht überlassen werden. Daher werden sie im Handel in der Regel auch nur gegen Altersnachweis verkauft.

Deshalb ist auch bei **Geschenken an Minderjährige** Vorsicht geboten, soweit es sich nicht um eindeutige Taschenmesser (s.o.) oder Fahrtenmesser für Jugendliche mit abgerundeter Spitze und einer Klinge unter 12 cm Länge handelt.

Generell unzulässig und verboten ist das Führen von Messern, die Hieb- und Stoßwaffen sind, **bei öffentlichen Vergnügungen und Veranstaltungen**[167] (z.b. Sportveranstaltungen, Volks- und Schützenfeste, Demonstrationen, Versammlungen etc.), auch wenn diese nur zufällig, bspw. um beim dörflichen Fußballturnier etwas zu essen, besucht werden. **Zuwiderhandlungen** sind keine Ordnungswidrigkeiten mehr, sondern Straftaten.

Daraus folgt:

➢ **Butterflymesser** und **Fallmesser** sind verbotene Waffen.

➢ **Faustmesser** sind verbotene Waffen, ausgenommen sind Jäger und Angehörige von Leder oder Pelz verarbeitenden Berufen in Ausübung dieser Tätigkeit.

➢ **Springmesser**
   - mit nach vorn austretender Klinge sind verbotene Waffen;
   - mit seitwärts austretender Klinge, die länger als 8,5 cm oder beidseitig geschliffen ist, sind verbotene Waffen;
   - mit seitwärts austretender Klinge, die kürzer als 8,5 cm und einseitig geschliffen ist, sind erlaubte Hieb- und Stoßwaffen.

➢ **Sonstige Messer** sind Hieb- und Stoßwaffen im Rechtssinne, wenn sie
   - ungeachtet ihrer Klingenform und –länge als solche hergestellt wurden (z.B. Bajonette, Säbel, Kampfmesser, Dolche) oder
   - eine ganz oder teilweise beidseitig geschliffene Klinge haben, die länger als 8,5 cm ist.

➢ Mit **verbotenen Waffen** ist jedweder Umgang untersagt.

➢ **Hieb- und Stoßwaffen** dürfen bei öffentlichen Veranstaltungen gar nicht und ansonsten nur im Rahmen eines berechtigten Interesses geführt werden.

---

[166] § 2 Abs. 1 WaffG.
[167] § 42 WaffG.

Für Messer, die keine Hieb- und Stoßwaffen sind, gilt:

➢ **Einhandmesser** dürfen nur im Rahmen eines berechtigten Interesses geführt werden. Dies gilt auch für reine Gebrauchsmesser wie z.b. Cuttermesser.

➢ **Feststehende Messer** mit einer Klingenlänge über 12 cm dürfen nur im Rahmen eines berechtigten Interesses geführt werden. Dies gilt auch für reine Gebrauchsmesser und Werkzeuge, wie z.b. Brot- oder Fleischermesser und Macheten.

➢ **Klappmesser** mit einseitig geschliffener Klinge ungeachtet der Klingenlänge oder mit ganz oder teilweise doppelseitig geschliffener Klinge, die kürzer als 8,5 cm ist, dürfen grundsätzlich ohne Beschränkungen geführt werden.

➢ **Feststehende Messer** mit einseitig geschliffener Klinge, die kürzer als 12 cm ist, oder mit ganz oder teilweise doppelseitig geschliffener Klinge, die kürzer als 8,5 cm ist, dürfen grundsätzlich ohne Beschränkungen geführt werden.

➢ **Dekorations-, Prunk- und Paradewaffen**, wie bspw. Dekorationsschwerter oder –lanzen, Paradesäbel oder –degen mit stumpfer Klinge und stumpfer Spitze, sind keine Hieb- und Stoßwaffen und unterliegen keinen Beschränkungen oder Verboten.

XI. Notwehr, Notstand und vorläufige Festnahme

Sachkunde im Sinne des Waffenrechts setzt auch Kenntnis der Vorschriften über Notwehr und Notstand[168] voraus. Daneben ist die Kenntnis der Rechtsgrundlagen der vorläufigen Festnahme von Nutzen. Die einschlägigen Vorschriften sollen daher im Folgenden kurz dargestellt werden.

1) Notwehr gem. § 32 StGB[169]

*(1) Wer eine Tat begeht, die durch Notwehr **geboten** ist, handelt nicht rechtswidrig.*

*(2) Notwehr ist die Verteidigung, die **erforderlich** ist, um einen **gegenwärtigen rechtswidrigen Angriff** von sich oder einem anderen abzuwenden.*

Das **Notwehrrecht** gehört trotz der Kürze der Vorschrift mit zu den kompliziertesten Materien des Strafrechts und ist gekennzeichnet durch eine Fülle von Literatur und Einzelfallentscheidungen der Rechtsprechung. Um die Voraussetzungen und Grenzen der Notwehr zu verstehen, ist eine Auseinandersetzung mit den einzelnen, im Tatbestand genannten Rechtsbegriffen unvermeidlich.

Ein **Angriff** ist menschliches Handeln, das die noch nicht endgültig beendete Verletzung eines von der Rechtsordnung geschützten Rechtsgutes (z.b. Leben, körperliche Unversehrtheit, Eigentum, Freiheit oder Ehre) oder die Gefahr einer solchen Rechtsgutverletzung herbeiführt. Ein Angriff kann nur von einem Menschen, nicht aber von Tieren oder Sachen ausgehen.

Beispiele: Der Angriff eines Hundes begründet daher keine Notwehr-, sondern eine Notstandslage (siehe unten XI.2.). Wird er hingegen vom Halter auf Personen gehetzt, liegt ein Angriff des Halters vor, und Notwehr – gegen den Halter oder seinen Hund – ist möglich. Notwehr ist auch gegen eine Person möglich, die den eigenen Hund angreift (Eigentumsschutz).

Gegenwärtig ist ein Angriff, der schon begonnen hat, noch andauert oder unmittelbar bevorsteht, wenn also der Angreifer nach der Waffe greift oder den Arm zum Schlag erhebt. Gegen einen beendeten Angriff ist keine Notwehr möglich. Das Verfolgen und Niederschlagen des flüchtenden Angreifers ist keine erlaubte Notwehr, sondern strafbare Rache.

---

[168] § 1 Abs. 1 Nr. 1 AWaffV.
[169] Strafgesetzbuch.

Beispiele: Läßt der Dieb die Beute fallen und flüchtet er, ist der Angriff beendet. Flüchtet er unter Mitnahme der Beute, dauert der Angriff auf das Eigentum fort; ebenso, wenn er nur in Deckung geht, um den Bestohlenen besser angreifen oder beschießen zu können.

Das **Mißhandeln eines Angreifers**, der bereits erfolgreich abgewehrt wurde und am Boden liegt, ist ebenfalls keine Notwehr mehr. Ebenso ist **präventive** (= vorsorgliche) **Notwehr** unzulässig.

Beispiele: Zuschlagen während einer verbalen Auseinandersetzung, um einem lediglich vermuteten körperlichen Angriff durch den Kontrahenten zuvorzukommen. Niederschießen des körperlich überlegenen Einbrechers von hinten, weil dieser eine Waffe bei sich haben und seinerseits schießen könnte.

Der Angriff muß ferner **rechtswidrig** sein. Das ist insbesondere dann nicht der Fall, wenn der Angreifer seinerseits Notwehr übt oder wenn sein Verhalten, wie bei bloßen Belästigungen, nicht im Widerspruch zur Rechtsordnung steht.

Beispiele: Bloße Behelligungen und Belästigungen wie das Anstarren, das Lärmen oder das verdächtige Herumwandern vor dem Haus rechtfertigen keine Notwehr.

Erforderlich ist diejenige Verteidigung, die nach den Umständen des Einzelfalles geeignet ist, den Angriff sofort zu beenden oder zumindest abzuschwächen und die gegenwärtige Gefahr der Rechtsgutsverletzung endgültig abzuwenden oder zu verringern. Nach dem Grundsatz „das Recht braucht dem Unrecht nicht zu weichen" erlaubt das Notwehrrecht **Trutzwehr statt Schutzwehr**. Der Angegriffene ist daher nicht verpflichtet, dem Angriff auszuweichen, die sog. „schimpfliche Flucht" zu ergreifen oder sich auf rein passive Abwehrmaßnahmen zu beschränken, sondern darf sich aktiv zur Wehr setzen. Er muß sich auch nicht auf weniger einschneidende, aber unsichere Verteidigungsmittel beschränken und damit ein hohes Fehlschlagrisiko in Kauf nehmen. **Der Einsatz lebensgefährlicher Waffen ist, wenn kein anderes ebenso erfolgversprechendes Mittel zu Gebote steht, zwar zulässig, jedoch zumindest einem unbewaffneten Angreifer gegenüber zuvor anzudrohen.**

Beispiele: Abgabe eines Warnschusses gegenüber einem Angreifer, der erst noch zur Waffe greifen will. Sofortiger gezielter Schuß allenfalls dann, wenn er die Waffe schon in Richtung auf den Angegriffenen in Anschlag bringt.

Das Notwehrrecht erfährt jedoch insoweit Einschränkungen, als daß die Verteidigung nicht nur erforderlich, sondern auch **geboten** sein muß. Daran fehlt es zunächst bei kindlichen, greisen, behinderten, volltrunkenen oder ansonsten erkennbar schuldunfähigen Angreifern sowie bei bagatellhaften Angriffen, deren Abwehr zu einem unerträglichen Mißverhältnis zwischen dem angegriffenen

Rechtsgut und der durch die Verteidigungshandlung drohenden Rechtsgutsverletzung führen würde.

Beispiele: *Schüsse mit der Schrotflinte auf Jugendliche, welche in einem Obstgarten Äpfel stehlen. Gezielter Schuß vom Hochsitz auf einen Ziegenzüchter, der den Salzstein von der Salzlecke entwenden will.*

Ebenfalls kann eine rechtswidrige oder jedenfalls sozialethisch zu mißbilligende, vorwerfbare Herbeiführung der Notwehrlage (**Notwehrprovokation**) durch den Angegriffenen zu einer Einschränkung des Notwehrrechts führen, wenn zwischen dem Vorverhalten und dem rechtswidrigen Angriff ein enger zeitlicher und räumlicher Zusammenhang besteht. Welche Einschränkungen das Notwehrrecht in diesen Fällen konkret erfährt, ist von den Umständen des Einzelfalles abhängig und in Literatur und Rechtsprechung hochgradig umstritten. Grundsätzlich gilt aber in diesen Fällen – anders als sonst – „**erst Schutzwehr, dann Trutzwehr**". Danach ist der Angegriffene zunächst verpflichtet, dem Angriff auszuweichen, und darf erst dann zu aktiver Verteidigung übergehen, wenn dies unmöglich oder erfolglos ist. Selbst dann aber ist ihm grundsätzlich eine weniger gefährliche oder eine zurückhaltendere Verteidigung zumutbar.

Beispiel: *Wer im Waldboden Nagelbretter eingräbt, um Motorradfahrern das Moto-Cross im Wald zu verleiden und sich auf die Lauer legt, um sich sodann über einen Kradfahrer, der mit platten Reifen am Wegesrand steht, lustig zu machen und ihn zu verhöhnen, muß dessen Fausthieben zunächst ausweichen und darf ihn nicht sofort niederschlagen.*

Liegen alle soeben dargestellten Voraussetzungen vor, besteht eine **Notwehrlage** im Sinne von § 32 Abs. 2 StGB und die Abwehr des Angriffs ist als Notwehr oder Nothilfe zulässig. Unter **Nothilfe** versteht man die **Notwehr zugunsten Dritter**, also die Abwehr eines gegen diese gerichteten Angriffs oder die Unterstützung bei der Verteidigung. Diese ist unter denselben Voraussetzungen wie die Notwehr zulässig, es sei denn, daß der Angegriffene die Hilfe gar nicht will. Das strafrechtliche Risiko, ggf. keine Nothilfe zu leisten, sondern ungewollt einen rechtswidrigen Angriff zu unterstützen, trägt stets der Nothelfer. Wer irrig annimmt, Nothilfe zu leisten, wird in der Regel wegen fahrlässiger Tatbegehung bestraft.

Praxistip: Aus rechtspraktischer Sicht ist es ratsam, Situationen, die sich zu Notwehrlagen entwickeln können, nach Möglichkeit aus dem Weg zu gehen und **keinesfalls zur Waffe zu greifen**. Eine Notwehrlage muß, wenn sie sich ergibt, nicht nur blitzschnell, sondern auch zutreffend als solche erkannt werden, ansonsten droht Strafbarkeit. Das Risiko, hier eine falsche Entscheidung zu treffen, die Grenzen der Notwehr zu überschreiten, unverhältnismäßig zu reagieren und sich selber strafbar zu machen, ist derart groß, daß es in aller Regel vernünftiger ist,

Konfrontationen auszuweichen, die Beobachtungen zu dokumentieren (ggf. mittels Kamera oder Fotohandy), Beweise zu sichern und die Polizei zu verständigen. Zudem drohen regelmäßig Nachweisschwierigkeiten, wenn es um die Berechtigung zum Waffeneinsatz geht, vor allem dann, wenn sich der Verteidiger einer Personenmehrheit gegenüber sieht, die ihn später – zu Recht oder zu Unrecht – in einem etwaigen Strafverfahren belastet. **Mit der Waffe begangene Straftaten führen zwingend zum Entzug der WBK.**

In taktischer Hinsicht ist ferner zu beachten, daß der Waffeneinsatz zu einer Eskalation der Situation und zur **Eigengefährdung** führen kann, wenn der Angreifer seinerseits zur Waffe greift oder dem Verteidiger die Waffe entwindet und dann gegen diesen richtet.

Kein Notwehrrecht schließlich besteht dann, wenn der Angegriffene rechtsmißbräuchlich eine Notwehrlage herbeiführt, um sodann den Angreifer unter dem Deckmantel der Notwehr verletzen zu können (Absichtsprovokation).

Beispiel: Der als cholerisch und „handfest" bekannte Ehemann wird vom Liebhaber der Ehefrau in der Absicht provoziert, ihn zum Zuschlagen zu veranlassen, um ihn sodann in Notwehr zu erschießen.

Geht der Täter schließlich irrig davon aus, die Voraussetzungen der Notwehr lägen vor (sog. **„Putativnotwehr"**), und war dieser Irrtum vermeidbar und vorhersehbar, wird er zwar nicht wegen vorsätzlicher Tatbegehung, wohl aber wegen fahrlässiger Tatbegehung bestraft, soweit diese strafbar ist.

Beispiel: Eine Person, die sich am Fenster der Gartenlaube am frühen Abend zu schaffen macht, wird von dem zurückkehrenden Kleingärtner wortlos von hinten in der Annahme niedergeschlagen, es handele sich um einen Einbrecher. In Wirklichkeit handelt es sich um einen neuen Gartennachbarn, der an das Fenster klopfen und sich vorstellen wollte, was eine einfache Nachfrage geklärt hätte.

2)   Notstand gem. §§ 34, 35 StGB

§ 34 StGB – Rechtfertigender Notstand

Wer in einer gegenwärtigen, nicht anders abwendbaren Gefahr für Leben, Leib, Freiheit, Ehre, Eigentum oder ein anderes Rechtsgut eine Tat begeht, um die Gefahr von sich oder einem anderen abzuwenden, handelt nicht rechtswidrig, wenn bei Abwägung der widerstreitenden Interessen, namentlich der betroffenen Rechtsgüter und des Grades der ihnen drohenden Gefahren, das geschützte Interesse das beeinträchtigte wesentlich überwiegt. Dies gilt jedoch nur, soweit die Tat ein angemessenes Mittel ist, die Gefahr abzuwenden.

§ 35 StGB – Entschuldigender Notstand

(1) Wer in einer gegenwärtigen, nicht anders abwendbaren Gefahr für Leben, Leib oder Freiheit eine rechtswidrige Tat begeht, um die Gefahr von sich, einem Angehörigen oder einer anderen ihm nahe stehenden Person abzuwenden, handelt ohne Schuld. Dies gilt nicht, soweit dem Täter nach den Umständen, namentlich weil er die Gefahr selbst verursacht hat oder weil er in einem besonderen Rechtsverhältnis stand, zugemutet werden konnte, die Gefahr hinzunehmen; jedoch kann die Strafe nach § 49 Abs. 1 gemildert werden, wenn der Täter nicht mit Rücksicht auf ein besonderes Rechtsverhältnis die Gefahr hinzunehmen hatte.

(2) Nimmt der Täter bei Begehung der Tat irrig Umstände an, welche ihn nach Absatz 1 entschuldigen würden, so wird er nur dann bestraft, wenn er den Irrtum vermeiden konnte. Die Strafe ist nach § 49 Abs. 1 zu mildern.

Diese beiden – der Vollständigkeit halber angeführten – Rechtfertigungsgründe spielen in der Praxis selten eine Rolle. Voraussetzung ist hier nicht ein Angriff, sondern eine Gefahr, die auch von Sachen oder Tieren ausgehen kann, wie bspw. der Angriff durch einen bissigen Hund. Im Rahmen des rechtfertigenden Notstandes, der es gestattet, auch Gefahren für andere Rechtsgüter als Leben, Leib oder Freiheit abzuwehren, findet jedoch eine Güterabwägung zwischen dem geschützten Gut und dem durch die Abwehrhandlung beeinträchtigten Gut statt.

Beispiel: Wird der eigene Hund von einem fremden Hund in eine nicht lebensgefährliche Beißerei verwickelt, darf der fremde Hund nicht erschossen, wohl aber mit Stockschlägen abgewehrt werden.

Wird im Rahmen der Notstandshandlung in Rechte unbeteiligter Dritter eingegriffen, muß diesen gem. § 904 BGB[170] Schadensersatz geleistet werden.

Beispiel: Entwendet ein Autofahrer aus einer nahegelegenen Gaststätte einen Feuerlöscher, um seinen brennenden PKW zu löschen, wird er zwar nicht wegen Diebstahls bestraft, muß aber den Feuerlöscher ersetzen bzw. bezahlen.

---

[170] Bürgerliches Gesetzbuch.

3)   Vorläufige Festnahme gem. § 127 Abs. 1 StPO[171]

(1) Wird jemand auf frischer Tat betroffen oder verfolgt, so ist, wenn er der Flucht verdächtig ist oder seine Identität nicht sofort festgestellt werden kann, jedermann befugt, ihn auch ohne richterliche Anordnung vorläufig festzunehmen. (...)
(2) (...)

Die Befugnis zur vorläufigen Festnahme steht jedermann, nicht nur Polizeibeamten, zu und soll nur verhindern, daß ein Straftäter sich unerkannt der Strafverfolgung entzieht, nicht aber die Bestrafung vorwegnehmen. Sie setzt den **dringenden Verdacht einer Straftat**, z.B. Körperverletzung, Sachbeschädigung oder Diebstahl, voraus. Dieser Verdacht muß auf **konkreten tatsächlichen Anhaltspunkten** beruhen. Bloße Vermutungen, Verdächtigungen oder lediglich ordnungswidriges Verhalten wie das Rauchen im Wald oder das Befahren desselben mit Kraftfahrzeugen reichen hierfür nicht aus. Ferner ist erforderlich, daß der Verdächtige **„auf frischer Tat"**, also bei der Ausführung der Straftat oder unmittelbar danach, angetroffen oder, wenn er die Flucht ergreift, verfolgt wird.

Beispiele: Wenn ein Spaziergänger sich eine Wildererschlinge aus der Entfernung mit dem Fernglas ansieht, macht ihn dies noch nicht der Wilderei verdächtig; wohl aber, wenn er sich zu der Schlinge begibt, diese inspiziert und ausrichtet.
Ein Einbrecher ist auf frischer Tat betroffen, wenn er beim Aufbrechen der Tür, im Haus oder beim Wegtragen der Diebesbeute beobachtet und sogleich angehalten wird, nicht aber, wenn man ihn zwei Stunden später zufällig in einer Gaststätte trifft, vor der der PKW mit dem Diebesgut parkt.

Sind diese Voraussetzungen gegeben, ist die vorläufige Festnahme zulässig, wenn Fluchtgefahr besteht. Dies ist der Fall, wenn Grund zu der Annahme besteht, daß der Verdächtige flüchten wird oder bereits mit der Flucht begonnen hat und gestellt wird.

Beispiel: Der Verdächtige wird angesprochen und dreht sich wortlos um, um die Tür seines PKW zu öffnen und einzusteigen.

Bei fehlender Fluchtgefahr ist die vorläufige Festnahme zulässig, wenn die Identität des Verdächtigen nicht sofort festgestellt werden kann, weil er sich z.B. weigert, seine Personalien anzugeben und ggf. seinen Personalausweis vorzuzeigen.

---

[171] Strafprozeßordnung.

Das Festnahmerecht gestattet auch, den Verdächtigen anzuhalten, nicht aber, ihn, seine mitgeführten Sachen oder seinen PKW zu durchsuchen, um Personaldokumente zu finden.

Besteht keine Fluchtgefahr und steht die Identität fest, weil der Verdächtige sich ausgewiesen hat oder er persönlich bekannt ist, ist eine vorläufige Festnahme nicht mehr zulässig. In diesen Fällen bleibt nur, Anzeige zu erstatten und alles Weitere der Polizei der zu überlassen.

Beispiel: Bei dem ertappten Einbrecher handelt es sich um einen Jugendlichen aus dem Nachbardorf, der dem Geschädigten vom letzten Schützenfest her persönlich bekannt ist.

Zwar ist es grundsätzlich auch zulässig, die vorläufige Festnahme zwangsweise, bspw. durch Fesseln oder durch Drohen mit der Waffe, durchzusetzen. Hierbei ist aber, insbesondere beim Einsatz der Sportwaffe, unbedingt darauf zu achten, daß dies in angemessenem Verhältnis zur begangenen Straftat steht. Hieran wird es bei Bagatellen, vor allem gegenüber unbewaffneten Verdächtigen, zumeist fehlen.

Unzulässig ist es in jedem Falle, auf den Verdächtigen zu schießen, um die Festnahme durchzusetzen. Das Schießen ist allenfalls im Rahmen der Notwehr (siehe oben XI.1.) zulässig, wenn der Festnehmende von dem Verdächtigen im Rahmen der Festnahme angegriffen wird. Sofern die Festnahme nur der Identitätsfeststellung dient, ist der Verdächtige freizulassen, sobald seine Identität bekannt ist. Ansonsten ist er unverzüglich der Polizei zu übergeben.

Beispiele: Es ist unzulässig, auf einen unbewaffneten Einbrecher, der ohne Beute flüchtet, zu schießen, weil er zuviel Vorsprung hat, als daß der Hausbesitzer ihn noch einholen könnte. Ebenso ist es unzulässig, den ertappten, aber unbekannten Einbrecher im Heizungskeller anzuketten, um ihn erst am nächsten Morgen, wenn man ohnehin zum Einkaufen fährt, bei der Polizei abzuliefern. Erst recht ist dies verboten, wenn er sich ausgewiesen hat, ihm aber durch die Nacht im Keller noch eine Lektion erteilt werden soll.

Werden die gesetzlichen Befugnisse im Rahmen der vorläufigen Festnahme überschritten oder gar mißbraucht, droht Strafbarkeit u.a. wegen Nötigung, Freiheitsberaubung, Körperverletzung oder Amtsanmaßung.

XII.   Umgang mit Polizei und Behörden

Eine ebenso alte wie zutreffende juristische Grundweisheit lautet:

„Jeder Fall liegt anders."

Aus diesem Grund können hier nur grundsätzliche Ratschläge, nicht aber Verhaltensregeln für konkrete Einzelsituationen erteilt werden. Die rechtliche Bewertung des Sachverhalts und Beratung des Sportschützen muß im konkreten Einzelfall Rechtsanwälten überlassen bleiben. Vor allem erhalten diese Akteneinsicht, können so die Sach- und Rechtslage prüfen und das weitere Vorgehen entsprechend ausrichten. Das kostet zwar Honorar, jedoch ist es insbesondere im Verwaltungs- und Strafverfahren immer noch besser, dieses zu investieren, als auf Stammtisch-Tips oder die Ratschläge juristischer Laien zu hören, denn:

Guter Rat kostet Geld, schlechter womöglich die Waffenbesitzkarte.

Folgende **Grundregeln** sollten jedoch bekannt sein und beachtet werden:

Der **Umgang mit Polizeibeamten** sollte immer ruhig und sachlich erfolgen, egal was passiert. Cholerische Ausbrüche führen zu nichts, außer zu weiteren Schwierigkeiten. Die Beamten machen ihre Arbeit und haben in der Regel kein persönliches Interesse am Ausgang des Verfahrens oder die Absicht, den Beteiligten zu schaden. Dergleichen zu wecken, sollte tunlichst vermieden werden.

Polizeiliche Maßnahmen wie Durchsuchungen, Beschlagnahmen oder Blutprobenentnahmen müssen geduldet und polizeiliche Anordnungen befolgt werden, auch wenn sie unrichtig oder unsinnig erscheinen. Den eigenen Standpunkt sachlich darzulegen ist erlaubt, sich zu widersetzen, vor allem mit Gewalt, hingegen nicht. Wer dies dennoch tut, macht sich zumindest wegen Widerstands gegen Vollstreckungsbeamte, meist auch noch wegen Körperverletzung und Sachbeschädigung strafbar. Gegen polizeiliche Maßnahmen kann Widerspruch eingelegt und so binnen weniger Tage eine nachträgliche behördliche oder gerichtliche Entscheidung über deren Rechtmäßigkeit herbeigeführt werden. Wer polizeilichen Anordnungen und Weisungen gleichwohl nicht nachkommt, muß mit deren zwangsweiser Durchsetzung rechnen.

Beispiel: Wer nach einer Trunkenheitsfahrt die Blutprobenentnahme verweigert, wird zwangsweise zum Polizeirevier verbracht und dort mit körperlicher Gewalt festgehalten, damit der Arzt die Blutprobe entnehmen kann. (In diesem Zusam-

menhang sei ergänzend angemerkt, daß insbesondere Trunkenheitsfahrten zu den häufigsten Gründen für die Entziehung von Waffenbesitzkarten zählen.)

Polizeibeamte müssen über Kenntnisse auf einer Vielzahl von Rechtsgebieten verfügen, Juristen sind sie nicht. Die Kenntnisse auf dem auch für einen Polizeibeamten exotischen Gebiet des Waffenrechts sind mitunter rudimentär. Fehler sind deshalb möglich und kommen vor, lassen sich aber besser im Nachgang durch Behörden oder Gerichte bereinigen als durch Selbsthilfe vor Ort.

Beispiel: *Die Polizei ist berechtigt, die Aushändigung der WBK zur Prüfung zu verlangen. Sicherstellen darf sie dieses Dokument – außer wenn es ge- oder verfälscht ist – im Gegensatz zum Führerschein nicht, weil es an der hierfür erforderlichen Rechtsgrundlage fehlt. Vielen Polizeibeamten ist dies nicht bekannt.*

Eine ausdrückliche Befugnis der Polizei, sich bei einer Kontrolle der WBK auch die Waffe vorzeigen zu lassen, gibt es zwar nicht; gleichwohl ist dies als sog. „Annexkompetenz" zulässig, weil anders als durch Abgleich von Waffe und WBK keine Prüfung der Berechtigung des Besitzers zum Umgang mit der konkreten Waffe erfolgen kann.

Wer – von der Polizei oder unbeteiligten Dritten – einer Straftat oder Ordnungswidrigkeit beschuldigt wird, muß nur seine Personalien angeben und die vorgeschriebenen Dokumente vorzeigen, ist aber nicht verpflichtet, Angaben zur Sache zu machen und sich dadurch ggf. selbst zu belasten. Welches Verhalten ratsam ist, kann nur im Einzelfall entschieden werden. Bei unsinnigen und haltlosen Beschuldigungen ist es meist sinnvoll, diese auszuräumen, eine schnelle Klärung der Sache herbeizuführen und Weiterungen zu vermeiden. Ist die Lage unübersichtlich oder sind die Vorwürfe gar berechtigt, kann es sinnvoll sein, sich nicht zur Sache zu äußern. Wer sich nicht äußert, sollte aber dennoch darauf hinwirken, insbesondere wenn die Polizei am Tatort erscheint, daß alle Beweise, vor allem die entlastenden, gesichert und die Personalien möglicher Zeugen festgestellt werden. Hierzu ist die Polizei auch dann verpflichtet, wenn die Aussage verweigert wird.

Werden Angaben gemacht, sollten diese unbedingt wahrheitsgemäß sein. Wer sich in Widersprüche verwickelt oder gar beim Lügen erwischt wird, hat spätestens dann schlechte Karten, wenn im späteren Prozeß Aussage gegen Aussage steht und der Richter entscheiden muß, wem er glaubt.

> **Praxistip:** Reden ist Silber, Schweigen ist Gold. Schon mancher hat sich im Straf- oder Bußgeldverfahren um Kopf und Kragen geredet und mitunter den Nachweis des vorgeworfenen Fehlverhaltens durch **unbeholfene Rechtfertigungsversuche** überhaupt erst ermöglicht oder seine Lage anderweit nicht verbessert, sondern verschlimmert. Insbesondere

dann, wenn die erhobenen Vorwürfe zutreffen, ist es in der Regel ratsam, vorerst zu schweigen und die Angelegenheit im nachfolgenden Verfahren zu klären, möglichst nachdem ein Rechtsanwalt Akteneinsicht genommen und die Vorwürfe geprüft hat. Ebenso unsinnig und riskant ist es, **Diskussionen um Rechtsfragen** mit Polizeibeamten oder Behördenmitarbeitern zu beginnen und hierbei stur auf der eigenen Auffassung zu beharren, vor allem dann, wenn diese falsch ist. Hierdurch wird nicht nur Unbelehrbarkeit dokumentiert, sondern schlimmstenfalls auch, daß sich entsprechendes Fehlverhalten wiederholen wird. Handelt es sich hierbei um waffenrechtswidriges Verhalten, begründet derartiges Auftreten ggf. die Vermutung, daß der Betroffene auch künftig unsachgemäß mit Waffen und Munition umgehen wird, was wiederum die Annahme der waffenrechtlichen Unzuverlässigkeit begründen kann.

Zur **Unterzeichnung von Polizei- oder Behördenprotokollen** ist niemand verpflichtet. Vor Unterzeichnung sollte daher immer überprüft werden, ob das Protokollierte tatsächlich dem Gesagten oder den getroffenen Feststellungen entspricht. Ist das nicht der Fall, sollte auf Berichtigung bzw. Ergänzung bestanden, und, falls diese nicht erfolgt oder abgelehnt wird, die Unterschrift verweigert werden. Ansonsten besteht die Gefahr, Unrichtiges für das spätere Verfahren zu „zementieren" und dies später – falls überhaupt – nur mühsam korrigieren zu können.

Wer als Sportschütze im Zusammenhang mit Vorfällen im Schießsport oder mit Waffen die Polizei ruft, sollte seine Fachkenntnis in die polizeiliche Aufnahme des Sachverhalts einbringen und darauf hinwirken, daß alles Wichtige aufgenommen, gesichert und protokolliert wird. Die meisten Beamten werden solche Hilfe dankbar annehmen. Auch hierbei muß man bei der Wahrheit bleiben: Falsche Verdächtigungen und das Vortäuschen von Straftaten sind ebenfalls strafbar.

Polizeilichen Vorladungen muß nur Folge geleistet werden, wenn es sich um eine Zeugenladung handelt, weil **Zeugen** grundsätzlich zum Erscheinen und zur Aussage verpflichtet sind, auch wenn die Polizei dies nicht erzwingen kann. **Beschuldigte** sind weder zum Erscheinen noch zur Aussage vor der Polizei verpflichtet. Jedoch kann es sinnvoll sein, der Ladung Folge zu leisten, um zu erfahren, was vorgeworfen wird. Dann kann entschieden werden, ob die Sache ggf. sofort ausgeräumt werden kann oder erst ein Rechtsanwalt hinzugezogen werden soll. Letzteres ist immer dann zu empfehlen, wenn aufgrund des Vorwurfs erhebliche Strafen oder die WBK auf dem Spiel stehen.

Vorladungen von Staatsanwaltschaft und Gericht muß immer Folge geleistet werden, ansonsten drohen erhebliche Ordnungsgelder, die polizeiliche Vorführung oder gar ein Haftbefehl.

Auch der **Umgang mit der Waffenbehörde** sollte stets ruhig und sachlich sein, namentlich dann, wenn es zu Kontrollen der Waffenaufbewahrung (siehe oben VIII.6.) kommt. Im Umgang mit Verwaltungsbehörden ist zu beachten, daß dann, wenn Bescheide ergangen sind, einmonatige Widerspruchsfristen laufen, nach deren fruchtlosem Ablauf gar nicht oder nur schwer zu behebende Rechtsnachteile eintreten können, und zwar selbst dann, wenn die Behörde in der Sache falsch entschieden hat. Diese Fristen können regelmäßig nicht verlängert werden. Wer deshalb in diesem Bereich anwaltlichen Rat benötigt, sollte so rechtzeitig einen Rechtsanwalt beauftragen, daß dieser noch tätig werden kann, oder selber rechtzeitig tätig werden.

Wird Widerspruch eingelegt, hat dieser aufschiebende Wirkung, d.h. der Bescheid wird noch nicht wirksam. Hat die Behörde indessen die sofortige Vollziehung angeordnet, ist der Bescheid mit Zustellung wirksam und es muß nicht nur Widerspruch eingelegt, sondern auch beim Verwaltungsgericht die „Wiederherstellung der aufschiebenden Wirkung" beantragt werden, damit der Bescheid zumindest vorerst keine Wirkung entfaltet.

Beispiel: Hat die Waffenbehörde die WBK entzogen und wird Widerspruch eingelegt, darf der Sportschütze vorerst seine Waffen behalten und weiter dem Schießsport nachgehen, bis über den Widerspruch und eine eventuelle Klage rechtskräftig entschieden ist. Hat die Waffenbehörde die WBK entzogen und die sofortige Vollziehung angeordnet, muß der Sportschütze, auch wenn er Widerspruch einlegt, seine Waffen und die WBK abgeben, es sei denn, daß entweder das Verwaltungsgericht die aufschiebende Wirkung per einstweiliger Anordnung wiederherstellt oder der Bescheid aufgehoben wird.

Anders als für den Beschuldigten im Strafverfahren bestehen für den betroffenen Waffenbesitzer **im Verwaltungsverfahren Mitwirkungspflichten.** Werden diese verletzt, droht schon deshalb der Entzug der WBK.

Beispiel: Der Waffenbesitzer muß der Behörde nachweisen, daß er über einen zugelassenen Waffenschrank verfügt, nicht umgekehrt.

Aufgrund der Vielschichtigkeit möglicher Verwaltungsverfahren gegen Waffenbesitzer sind detaillierte Grundregeln kaum aufzustellen. Vor allem dann, wenn belastende Bescheide oder Anordnungen des sofortigen Vollzuges in der Welt sind, ist fachkundige Beratung dringend anzuraten.

Wer im Übrigen darauf hofft, die Waffenbehörde werde von etwaigen Strafverfahren schon nichts erfahren, der irrt: Die Staatsanwaltschaften sind verpflichtet, rechtskräftige Verurteilungen von Waffenbesitzern der zuständigen Waffenbehörde mitzuteilen.[172] Diese fordert sodann die Strafakten an, um zu prüfen, ob und was verwaltungsrechtlich zu veranlassen ist.

Praxistip: Gegen Maßnahmen der Polizei und der Behörden kann der Bürger Widerspruch einlegen und ggf. auch klagen. Das ist jedoch nur dann sinnvoll, wenn es sich um unberechtigte Maßnahmen handelt, was zuvor stets sorgfältig und fachkundig geprüft werden sollte. Ansonsten entstehen nicht nur unnütze Kosten, sondern mitunter auch weitere Nachteile. Droht bspw. wegen einer Trunkenheitsfahrt berechtigt der Entzug der WBK, macht es keinen Sinn, hiergegen zu klagen und zu riskieren, daß die Unzuverlässigkeit durch Gerichtsurteil festgestellt und womöglich nicht nur mit der eigentlichen Straftat, sondern u.U. auch mit dem Verdacht der Trunksucht begründet wird, der in aller Regel schwer auszuräumen ist. Bestehen derartige Gefahren, ist es sinnvoller und preiswerter, die WBK freiwillig abzugeben und nach fünf Jahren, wenn die Zuverlässigkeit durch Zeitablauf wiederhergestellt ist, eine neue WBK zu beantragen.

Der sicherste Weg, Problemen mit der Polizei und den Behörden aus dem Weg zu gehen, ist nicht ein guter Rechtsanwalt, sondern Kenntnis und genaue Beachtung der Gesetze und Sicherheitsvorschriften, vernünftiges und, wo nötig, zurückhaltendes Gebrauchmachen von den eigenen Befugnissen, vor allem aber die Meidung rechtlicher Grauzonen.

---

[172] Nr. 36, Nr. 36 a MiStra (Anordnung über die Mitteilungspflichten in Strafsachen).

XIII. Sicherheit beim Umgang mit Schußwaffen und Munition

Sport- und Schießstandordnungen sind keine Gesetze. Verstöße sind deshalb keine Straftaten und nur dann Ordnungswidrigkeiten, wenn sie zugleich Verstöße gegen das WaffG oder die AWaffV darstellen. Gleichwohl ziehen sie aber erhebliche Gefahren und rechtliche Risiken für den Sportschützen selbst und Dritte nach sich. Kommt es zu Schadensfällen, begründen Verstöße strafrechtlich relevante Pflichtverletzungen im Rahmen des Fahrlässigkeitsvorwurfs, z.B. bei fahrlässiger Körperverletzung und fahrlässiger Tötung. Schwere Verstöße ziehen den zivilrechtlichen Vorwurf grober Fahrlässigkeit nach sich, der zum Verlust des Versicherungsschutzes der Waffenhaftpflichtversicherung führen und zur Folge haben kann, daß der Sportschütze persönlich auf Schadensersatz in Anspruch genommen wird. Die finanziellen Folgen von Unfällen mit Waffen, insbesondere die bei Personenschäden entstehenden Behandlungs- und Pflegekosten, können wiederum die wirtschaftliche Existenz des Schädigers ruinieren. Wiederholte Verstöße können zudem die waffenrechtliche Unzuverlässigkeit begründen und den Entzug der WBK zur Folge haben. Im Folgenden werden deshalb **die wichtigsten allgemeinen Grundsätze** dargestellt, denn:

„Ist der Schuß erst aus dem Lauf, hält kein Teufel ihn mehr auf!"

1) Sicherheit auf dem Schießstand

- Den **Anweisungen** der Standaufsicht ist uneingeschränkt Folge zu leisten. **Zuwiderhandlungen** sind Ordnungswidrigkeiten.[173]
- Der Schütze muß eine gültige **Waffenhaftpflichtversicherung** haben.
- Vor dem Schießen ist die **Funktionsfähigkeit und –sicherheit** der Waffe zu prüfen, insbesondere Lauf, Verschluß, Sicherung, Abzugssystem und ein etwaig vorhandener Stecher. Hierzu gehört erforderlichenfalls auch die Prüfung, ob die Waffe ordnungsgemäß beschossen ist (ggf. Beschußzeichen prüfen). Der **Gewehrriemen** ist abzunehmen.

Praxistip: Die äußere Sichtprüfung und Kontrolle der Waffe ist insbesondere dann wichtig, wenn der Schütze die Waffe nicht kennt. Hierbei sollte er sich zugleich mit deren Funktionsweise vertraut machen. Insbesondere bei älteren Waffen sollte auch der Hinterschaft auf Risse kontrolliert werden. Schaftbruch im Schuß birgt ein erhebliches Verletzungsrisiko. Nicht jeder Schaftriß ist sicherheitsrelevant, dies zu beurteilen sollte aber dem Büchsenmacher überlassen werden.

---

[173] § 11 Abs. 2, § 34 Nr. 10 AWaffV.

- Ungeachtet des Ladezustandes ist jede Waffe **stets als geladen** zu behandeln und der Lauf dorthin zu richten, wo niemand gefährdet wird.

- **Anschlag- und Zielübungen** dürfen nur auf den Schützenständen mit Genehmigung der Standaufsicht und mit der Laufmündung in vorgeschriebener Schußrichtung durchgeführt werden.

- Das Schießen ist nur auf **zugelassenen Schießständen** und nur auf **zugelassene Ziele** erlaubt.

- Es dürfen nur Schußwaffen und Munition verwendet werden, die auf der Schießstätte **behördlich zugelassen und nicht gesetzlich verboten** oder vom Schießsport ausgeschlossen sind.

Achtung: Kampfmäßiges Schießen, z.B. auf Scheiben, die Menschen darstellen, und unzulässige Schießübungen, wie z.B. Schießen aus der Deckung oder im Laufen, Überkreuzziehen von mehr als einer Waffe oder Deutschüsse mit der Kurzwaffe, sind bereits kraft Gesetzes verboten.[174] **Zuwiderhandlungen** sind für Veranstalter und Teilnehmer Ordnungswidrigkeiten.

- **Kurzwaffen** sind ausnahmslos verpackt im Futteral oder im Koffer zum Schützenstand zu transportieren. **Langwaffen** sind vor Betreten der Schützenstände aus den Transportbehältnissen zu entnehmen; sodann sind sie ungeladen und geöffnet/gebrochen mit der Laufmündung nach oben zu tragen und abzustellen bzw. abzulegen.

Praxistip: Waffen müssen in einem verschlossenen Behältnis zum Schießstand befördert werden, ansonsten liegt verbotenes und strafbares Führen vor. Sie dürfen diesem Behältnis erst auf dem Gelände des Schießstandes entnommen werden. Unzulässig ist es daher, den Pkw auf der Straße oder einem Parkplatz außerhalb des Schießstandes abzustellen, die Waffen dem Behältnis zu entnehmen und mit der unverpackten Waffe über die Straße zum Schießstand zu gehen.

- Das **Berühren fremder Waffen** ist nur der Standaufsicht oder mit Zustimmung und im Beisein des Waffenbesitzers gestattet.

- Das **Laden** ist erst auf dem Stand zulässig. Auf die Verwendung richtiger Munition ist zu achten.

- Mit dem Schießen darf **erst begonnen** werden, wenn sich keine Personen im Gefahrenbereich vor dem Stand befinden, die vorgeschriebenen Warneinrichtungen (rote Flagge oder Blinkleuchte) eingeholt oder abgeschaltet sind und die Standaufsicht das Schießen freigibt. Solange sich **Personen vor den Schützenständen** befinden, dürfen weder Waffen und Magazine noch Munition berührt werden.

---

[174] § 15 a Abs 1 S. 2, § 27 Abs. 7 WaffG; § 7 Abs. 1 AWaffV.

- Die **geladene Waffe** ist immer in Richtung des Kugelfangs zu halten. Dies gilt auch während des Ladens oder bei der Behebung von Ladehemmungen oder Versagern.
- Eine **gestochene Schußwaffe** ist sofort zu sichern und zu entstechen, wenn der Schuß nicht abgegeben wird.
- Bei **Versagern** mindestens 10 Sekunden warten (mögliche „Nachbrenner") und die Standaufsicht verständigen, bevor die Waffe geöffnet wird.
- Bei **Unterbrechung** des Schießens, vor **Betreten** des Gefahrenbereichs durch hierzu befugte Personen, vor dem **Ablegen** der Waffe oder dem **Verlassen** des Standes ist die Waffe zu öffnen und vollständig zu entladen.
- Beim **Trap-Schießen** ist die Waffe nach dem Beschuß einer jeden Taube zu öffnen und während des Wechsels auf den Nachbarstand offen zu halten. Vor dem Wechsel vom letzten auf den ersten Stand, nach Beendigung des Schießens und vor dem Abtreten von den Schützenständen ist die Waffe zu entladen. **Selbstlade- und Repetierflinten** sind zudem vor jedem Standwechsel zu entladen.
- Beim **Skeet- und Parcours-Schießen** ist die Waffe vor jedem Verlassen des Standes zu öffnen und zu entladen.
- Das **Rauchen** auf den Schützenständen ist verboten.

Praxistip: Der Umgang mit alkoholischen Getränken auf Schießständen ist nicht geregelt und deren Konsum somit nicht grundsätzlich verboten. Allerdings ist der Umgang mit Schußwaffen eine gefahrgeneigte Tätigkeit und deshalb mit Alkoholgenuß nicht zu vereinbaren. Im Interesse der Sicherheit sollte daher zumindest vor und während des Schießens auf Alkoholkonsum verzichtet werden. Sind Schützen gar sichtlich angetrunken, haben sie auf Schießständen nichts zu suchen. Sie sind ein unkalkulierbares Sicherheitsrisiko und jede Standaufsicht ist schon unter Haftungsgesichtspunkten gut beraten, solche Personen keinesfalls schießen zu lassen und umgehend der Schießstätte zu verweisen.

- Und schließlich der wichtigste Grundsatz:

Jeder Schütze ist für seinen Schuß selbst verantwortlich.

Die vorstehende Darstellung der wesentlichen Sicherheitsregeln auf Schießständen basiert auf den Schießstandordnungen des DJV und des DSB für das (jagd-) sportliche Schießen. Angesichts der Vielzahl von verschiedenen Schießdisziplinen und Verbänden würde die detaillierte Darstellung der einzelnen Regelwerke den Rahmen eines möglichst allgemeingültigen Leitfadens sprengen.

Soweit sich aus den jeweiligen Sport- oder Schießstandordnungen der einzelnen Verbände und Vereine oder aufgrund behördlicher Auflagen abweichende Regelungen für den jeweiligen Schießstand ergeben, sind diese maß-

geblich und zu beachten, weil sie den Besonderheiten des Schießstandes, der verschiedenen Schießdisziplinen oder ggf. der verwendeten Waffen Rechnung tragen.

2) Schießstandaufsicht

Das **Schießen** ist grundsätzlich **nur unter Aufsicht** zulässig, um die Sicherheit des Schießbetriebes zu gewährleisten. Hierbei handelt es sich nicht etwa nur um eine Vorgabe der Sportordnungen, sondern um eine Rechtsvorschrift, die zu beachten ist. **Zuwiderhandlungen** sind Ordnungswidrigkeiten, und zwar sowohl für den Schießstandbetreiber als auch für die Aufsichtsperson.[175] Die Beaufsichtigung der Schützen ist durch den Schießstandbetreiber selber oder durch Aufsichtspersonen wahrzunehmen („Standaufsichten"), die selber am Schießen nicht teilnehmen dürfen. Diese Personen muß der Schießstandbetreiber bestellen und deren Personalien der zuständigen Waffenbehörde zwei Wochen vor Beginn der Aufsichtstätigkeit schriftlich anzeigen. Alternativ kann auch eine jagdliche Vereinigung oder ein schießsportlicher Verein, der einem anerkannten Schießsportverband angehört, die Aufsichtsperson bestellen, die dann bei der jagdlichen Vereinigung bzw. beim Verein registriert und mit einer entsprechenden Bescheinigung („Schießleiterschein") ausgestattet sein muß.[176]

Die **Standaufsicht** muß **volljährig** und **sachkundig** sein, wobei die allgemeine Waffensachkunde allein nicht ausreichend ist. Wer das Schießen beaufsichtigen will, muß darüber hinaus mit den jeweiligen Sportordnungen, den Eigenheiten des einzelnen Schießstandes und den besonderen Gefahren des Schießbetriebes vertraut sein und dies, idealerweise durch Besuch eines Schießleiterlehrganges, auch nachweisen können. Standaufsichten, die nicht bei der Behörde gemeldet, sondern beim Verein registriert sind, müssen den **Schießleiterschein**, Jäger zudem einen gültigen **Jagdschein**, während der Aufsicht bei sich führen.[177] Der Name der jeweils verantwortlichen Standaufsicht muß während des Schießens in jedem Schützenstand gut sichtbar ausgehängt sein.[178]

Zu den besonderen **Anforderungen beim Schießen durch Minderjährige** siehe oben VI.1.

Die **Anzahl der Standaufsichten** ist gesetzlich nicht geregelt und steht daher im Ermessen des Schießstandbetreibers, sofern ein sicherer Schießbetrieb gewährleistet ist und es keine weiteren Vorgaben der Waffenbehörde, der Schießstand-

---

[175] § 27 Abs. 3 WaffG; § 10, § 11, § 34 Nr. 4, Nr. 8 & Nr. 9 AWaffV.
[176] § 10 Abs. 2 & Abs. 3 AWaffV.
[177] § 10 Abs. 1 S. 3, Abs. 3, Abs. 4 AWaffV.
[178] Nr. 2.3.8.4 der Schießstandrichtlinien vom 23.07.2012.

ordnung oder der Sportordnung gibt. Sie kann sich daher an den praktischen Bedürfnissen orientieren.

Beispiel: *Schießen gleichzeitig fünf erfahrene Kurzwaffenschützen, wird meist eine Standaufsicht reichen. Handelt es sich hingegen um ein Gästeschießen mit fünf unerfahrenen Neulingen, kann es geboten sein, diese einzeln schießen zu lassen oder für jeden dieser Schützen eine Standaufsicht abzustellen.*

Da allerdings die Standaufsicht das Schießen ständig zu beaufsichtigen hat, muß **mindestens eine Standaufsicht auf jedem Stand** anwesend sein. Bei mehreren Ständen, bspw. Trap-, Kurzwaffen- und 100m-Büchsenstand, auf denen gleichzeitig geschossen werden soll, muß auch auf jedem Stand eine Aufsichtsperson anwesend sein, damit diese in Gefahrensituationen sofort eingreifen kann.

Praxistip: Die gelegentlichen Unsitten, daß eine Standaufsicht mehrere Stände zugleich beaufsichtigt, oder daß sich die Schützen beim Platzwart anmelden und dann allein auf den Ständen unbeaufsichtigt schießen, sind verboten und ordnungswidrig. Kommt es zu Schadensfällen, droht zudem die zivilrechtliche Haftung des Schießstandbetreibers und der Standaufsicht wegen Mitverschuldens.

Ausschließlich zugelassene Standaufsichten dürfen unbeaufsichtigt schießen, allerdings auch nur, wenn sie allein auf dem Schießstand sind.[179]

Pflicht der Standaufsicht ist es dafür zu sorgen, daß Schützen und Gäste auf dem Schießstand keine Gefahren verursachen, die Sicherheitsregeln befolgt werden und das Großkaliberverbot für Minderjährige beachtet wird. Sie hat, soweit zur Gefahrenabwehr erforderlich, das Schießen abzubrechen und Personen der Schießstätte zu verweisen. **Zuwiderhandlungen** der Standaufsicht sind Ordnungswidrigkeiten.[180] Die hierzu nötigen **Anweisungen müssen klar, unmißverständlich und eindeutig** sein und die Standaufsicht muß sich vergewissern, daß diese von allen Schützen, auch denjenigen mit Gehörschutz, verstanden und befolgt werden. **Optische oder akkustische Signaleinrichtungen** (bspw. rote Fahne oder Rundumleuchte, Ampel, Signalhorn) sind hier hilfreich, wenn deren Bedeutung allen Anwesenden, bspw. durch ein Warnschild, bekannt ist.

Beispiel: *Sollen die Scheiben ausgewertet werden, muß sichergestellt sein, daß alle Schützen ihre Waffen entladen und abgelegt haben, bevor die Standaufsicht das Betreten der Schießbahn erlaubt, und daß sich auf dieser keine Personen mehr befinden, bevor sie das Schießen wieder freigibt.*

---

[179] § 11 Abs. 3 AWaffV.
[180] § 11 Abs. 1, § 34 Nr. 8 & Nr. 9 AWaffV.

3)   Sicherheit beim Umgang mit Munition

Die **Übereinstimmung des Kalibers von Waffe und Munition** ist vor dem Laden zu prüfen. Nur passende Munition darf geladen werden. Munition unterschiedlicher Kaliber muß getrennt gehalten und gegen Verwechslung gesichert werden.

Büchsenpatronen dürfen niemals verwechselt werden. Falsche Patronen können zwar mitunter in das Patronenlager geladen werden. Sie zu verschießen ist indessen lebensgefährlich. Überkalibrige Geschosse können nicht durch den Lauf getrieben werden. Lauf- und Verschlußsprengungen sind die Folge, bei Repetierwaffen kann die Verschlußkammer nach hinten herausgesprengt werden und den Schützen wie ein Geschoß am Kopf treffen. Auch bei versehentlichem Laden von Munition gleichen oder kleineren Geschoßkalibers bestehen diese Gefahren, weil wesentliche Aufgabe der Patronenhülse die Abdichtung des Patronenlagers gegen Gasdruck nach hinten ist. Liegt die Hülse nicht im Patronenlager an, kann sie diese Aufgabe nicht erfüllen. Sie reißt und der Gasdruck entweicht unkontrolliert nach hinten.

Das **Büchsenkaliber 8x57** gibt es als Normalkaliber (I, IR) und als S- (Stark-) Kaliber (IS, IRS). Diese Patronen dürfen nicht verwechselt werden. Zwar kann das Normalkaliber mit Abstrichen bei der Schußpräzision aus S-Waffen verschossen werden, umgekehrt geht das jedoch nicht. Das S-Geschoß ist geringfügig dicker; es besteht die Gefahr der Lauf- bzw. Verschlußsprengung, wenn es in eine Normal-Waffe geladen wird („kleiner immer, größer nimmer").

Schrotpatronen mit kürzerer Hülsenlänge können unproblematisch aus Waffen verschossen werden, die für längere Hülsen eingerichtet sind. Umgekehrt geht dies nicht, auch wenn längere Patronen geladen werden können, weil die Schrotpatrone ihre volle Länge erst in abgeschossenem und damit aufgefaltetem Zustand hat: Es droht die Gefahr der Laufsprengung. Ausschließlich Patronen mit der Länge 67,5 können aus 65er und 70er Patronenlagern gefahrlos verschossen werden („kleiner immer, größer nimmer").

Bei der Verwendung von **Stahlschrotpatronen** ist darauf zu achten, daß entweder die Waffe stahlschrotbeschossen bzw. stahlschrotgeeignet oder die Munition zum Verschießen aus Flinten mit Normalbeschuß zugelassen ist. Stahlschrotpatronen für Waffen mit Stahlschrotbeschuß weisen gegenüber kalibergleichen Bleischrotpatronen einen erhöhten Gasdruck und einen erhöhten Impuls beim Eintritt in die Würgebohrung (Choke) an der Laufmündung auf. Beim Verschießen aus normalbeschossenen Flinten droht die Gefahr der Laufsprengung.

Waffensprengungen führen zu schweren, meist lebensgefährlichen oder sogar tödlichen Verletzungen nicht nur des Schützen, sondern auch umstehender Personen.

XIV.   Wiederladen von Munition

Waffenbesitzkarten berechtigen nicht zum Umgang mit explosionsgefährlichen Stoffen im Sinne des Sprengstoffgesetzes, insbesondere nicht zum Umgang mit Treibladungs- oder Schwarzpulver. Hierfür bedarf es einer gesonderten Erlaubnis nach dem SprengG. Wohl aber begründet der berechtigte Besitz von Waffen bei Vorliegen der übrigen Voraussetzungen, insbesondere der bestandenen Sachkundeprüfung, das Bedürfnis für die Erteilung des sog. „Wiederlader-Scheins", nämlich der Erlaubnis nach § 27 SprengG, um das für die Herstellung von Munition für die vorhandenen Waffen erforderliche Treibladungspulver erwerben zu können. Die Erlaubnis nach § 27 SprengG hingegen berechtigt zum Umgang mit Treibladungspulver und zum Erwerb und Besitz wiedergeladener und damit hergestellter Munition.[181] Deshalb **dürfen Wiederlader auch Munition wiederladen bzw. herstellen, die sie sonst nicht erwerben dürfen.**

Demnach darf der Sportschütze, wenn er zugleich Wiederlader ist, **Lang- und Kurzwaffenmunition** jedweden Kalibers wiederladen, auch wenn er selber keine entsprechende Waffe und damit keine in der WBK eingetragene Munitionserwerbserlaubnis besitzt.

Beispiel: Es ist uneingeschränkt zulässig, für einen befreundeten Sportschützen unentgeltlich Revolverpatronen im Kaliber .357 Magnum wiederzuladen, obwohl der Wiederlader selber nur eine Pistole im Kaliber 9mm Parabellum besitzt.

> <u>Praxistip:</u> Wer Munition wiederlädt, zu deren Erwerb er nicht ohnehin berechtigt ist, sollte sicherstellen, daß er im Falle von Kontrollen durch die Polizei oder die Waffenbehörde auch nachweisen kann, daß es sich um legal wiedergeladene und nicht etwa um unerlaubt anderweit verschaffte Munition handelt. Dies kann durch eine entsprechende Kennzeichnung der Verpackung bzw. Rechnungen über den Kauf der erforderlichen Hülsen, Geschosse oder Matrizen erfolgen.
> Auf der sicheren Seite ist hier, wer vorsorglich einen entsprechenden Munitionserwerbsschein beantragt.

Allerdings berechtigt die Erlaubnis nach § 27 SprengG nur zum **nichtgewerblichen Umgang** mit Treibladungspulver. Verboten ist es daher, Munition für Dritte wiederzuladen und an diese gewinnbringend zu verkaufen.

Schließlich darf Treibladungspulver **Nichtberechtigten** nicht, auch nicht vorübergehend, überlassen werden und diese dürfen damit nicht umgehen. Nichtberechtigt ist, wer keine Erlaubnis nach § 27 SprengG besitzt.

---

[181] § 10 Abs. 3 S. 3 WaffG; Nr. 10.14.4 WaffVwV.

Beispiel: Es ist unzulässig, einen befreundeten Sportschützen, der selber keine Erlaubnis nach § 27 SprengG besitzt, unter Aufsicht und nach Anleitung Munition für dessen Waffen wiederladen zu lassen.

Zuwiderhandlungen gegen das SprengG sind Straftaten. Unerlaubter Erwerb von Munition, auch durch unerlaubte Herstellung, ist nach dem WaffG strafbar.

Auch wiedergeladene Munition darf **nur Berechtigten überlassen** werden. **Zuwiderhandlungen** sind Straftaten. Für den Verbleib der hergestellten Munition ist der Wiederlader verantwortlich und sollte daher stets vor Abgabe solcher Munition die Erwerbsberechtigung des Erwerbers prüfen. Für den Erwerb von Munition bedarf es einer Munitionserwerbserlaubnis, sofern die Munition nicht zum sofortigen Verbrauch auf einer Schießstätte erworben wird. Lediglich für den Erwerb von Langwaffenmunition reicht auch ein Jagdschein aus.[182]

Die **Gültigkeit** der Erlaubnis nach § 27 SprengG ist **befristet**. Ist sie abgelaufen, gilt die Berechtigung zum Munitionsbesitz noch 6 Monate fort.[183] Danach muß die Erlaubnis verlängert, die Munition verbraucht oder einem Berechtigten überlassen worden sein, sofern der Wiederlader nicht selber über eine Berechtigung zu deren Erwerb verfügt.

---

[182] § 2 Abs. 2, § 12 Abs. 2 Nr. 2, § 13 Abs. 5 WaffG.
[183] § 10 Abs. 3 S. 4 WaffG.

Beleg über den vorübergehenden Verleih von Schußwaffen gem. § 38 Nr. 1 e WaffG
(Immer vollständig und in zweifacher Ausfertigung ausfüllen!)

Leihgeber (Überlasser):

-Name-	-Vorname-

-Straße, Hausnummer-	-PLZ, Ort-

Leihnehmer (vorübergehender Erwerber/Besitzer):

-Name-	-Vorname-

-Straße, Hausnummer-	-PLZ, Ort-

Leihberechtigung des Leihnehmers (zutreffendes ankreuzen):

( )	**Waffenbesitzkarte** Nr. _____, ausstellende Behörde: _____

( )	**anstelle einer Waffenbesitzkarte nur beim Verleih von Langwaffen:**

Jagdschein Nr. _____, gültig bis _____, ausstellende Behörde: ____

Der Leihgeber überläßt dem Leihnehmer nur für die Dauer von längstens einem Monat ab dem Tag der Überlassung gem. § 12 Abs. 1 Nr. 1 a WaffG und ausschließlich für einen vom Bedürfnis des Leihnehmers umfaßten bzw. im Zusammenhang damit stehenden Zweck folgende Waffe(n):

WBK des Ver-leihers Nr.:	Ausstellende Behörde:	Hersteller oder Waren-zeichen (Modell):	Waffennr.:

Ein Überlassen der Waffe(n) an Dritte wird nicht gestattet.

Dieser Beleg ist beim Umgang mit der/den vorbezeichneten Waffe(n) mitzuführen und hierzu berechtigten Personen auf Verlangen vorzuzeigen.

-Ort-	-Tag und Uhrzeit der Überlassung-

-Unterschrift des Leihgebers-	-Unterschrift des Leihnehmers-

Kaufvertrag über eine gebrauchte Schußwaffe (ggf. nebst Zubehör)
(Immer vollständig und in zweifacher Ausfertigung ausfüllen!)

Verkäufer (Überlasser):

-Name-	-Vorname-

-Straße, Hausnummer-	-PLZ, Ort-

Käufer (Erwerber):

-Name-	-Vorname-

-Straße, Hausnummer-	-PLZ, Ort-

Erwerbsberechtigung des Käufers (zutreffendes ankreuzen):

( )   **Waffenbesitzkarte** Nr. _____, ausstellende Behörde:_____,

( )   **Voreintrag*** für _____ vom _____ gültig bis_____.
(*Beim Erwerb zulässiger Waffen aufgrund einer Sportschützen-WBK nicht erfoderlich.)

( )   **anstelle der WBK mit Voreintrag nur beim Verkauf einer Langwaffe:**

Jahresjagdschein Nr. _____, gültig bis _____, ausstellende Behörde:

_____.

Der Verkäufer verkauft und übergibt dem Käufer folgende gebrauchte Schußwaffe:

-Art d. Waffe-	-Hersteller-	-Modell-	-Kaliber-	-Waffennr.-

eingetragen in der WBK Nr. _____ des Verkäufers, ausgestellt am _____,

von (Behörde) _____, nebst folgendem Zubehör:

_____

(z.B. Futteral, Holster, Bezeichnung von Zielfernrohr und Montage, Munition etc.)

unter Ausschluß der gesetzlichen Gewährleistung.

Der Kaufpreis beträgt _____ €; **in Worten:**_____€.

Veräußerung und Erwerb sind den zuständigen Waffenbehörden **binnen zwei Wochen**
anzuzeigen.

-Ort-	-Tag und Uhrzeit der Übergabe-

-Unterschrift des Verkäufers-	-Unterschrift des Käufers-

Ebenfalls bei BoD erschienen und im Buchhandel erhältlich:

Horst W. Nopens

**Reviergang durch das Waffenrecht
Ein Leitfaden für den Jäger**

3. Auflage
(mit WaffVwV)

112 S., kartoniert.
ISBN 9 783837 037319

Über den Inhalt:

Die Änderungen des Waffengesetzes in den Jahren 2003, 2008 und 2009 haben in der Jägerschaft für beträchtliche Verunsicherung gesorgt, weil der Gesetzgeber viele Fragen, die sich in der Praxis stellen, offen gelassen hat. Die bundeseinheitliche Waffenverwaltungsvorschrift ist zwar seit März 2012 in Kraft, beseitigt aber längst nicht alle Unklarheiten und schafft zum Teil neue Probleme. Dieses Buch will dem Praktiker Antworten geben. Es enthält eine komprimierte und übersichtliche, dennoch aber umfassende Darstellung des aktuellen Waffenrechts für den Jäger mit vielen Beispielen und Hinweisen zur praktischen Umsetzung der Vorschriften aus der jagdlichen und rechtlichen Praxis und zeigt einen sicheren Weg auf, um Konflikten mit dem Gesetz, der Polizei und den Behörden möglichst aus dem Weg zu gehen. Auch die Vorschriften über Jagdschutz, Notwehr, Notstand und vorläufige Festnahme werden praxisnah und verständlich erläutert, ebenso die Unfallverhütungsvorschrift UVV Jagd VSG 4.4. Muster für Leihschein und Kaufvertrag über erlaubnispflichtige Waffen runden das Werk ab. Kurzum: Alles Rechtliche, was für den Jäger beim Umgang mit Waffen wichtig ist - bis hin zu Waffenbörsen im Internet und Waffenversand - findet er, übersichtlich nach Themen geordnet, in diesem Buch.
Dritte, aufgrund der Waffenverwaltungsvorschrift 2012 vollständig überarbeitete und aktualisierte Auflage.

Der Autor:

Dr. jur. Horst W. Nopens, Jahrgang 1967, ist Oberstaatsanwalt und Dezernent für Jagd- und Waffensachen in Magdeburg. Seit dem Wintersemester 1999 nebenamtlicher Lehrbeauftragter an der Fachhochschule der Polizei des Landes Sachsen-Anhalt in Aschersleben. Jägerprüfung 1996 in Osnabrück. Aktiver Jäger im Landesforst Sachsen-Anhalt. Umfangreiche Lehr- und Vortragstätigkeit im jagdlichen und waffenrechtlichen Bereich, u.a. bei der Jungjägerausbildung in Magdeburg.